Josef Schwing

Die Namen der Stadt Pécs

Neuhofen (Pfalz) 2009

Meiner alten Heimat

Erläuterung zu den Abbildungen des Einbands

Vorderseite: Die Basilika zu Pécs/Fünfkirchen. Foto: © Kalmár Lajos, Pécs, im Bildband: Pécs Panoráma, 2008, Seite 46. ISBN 978-963-06-6133-1. Für die Genehmigung zur Veröffentlichung des Bildes sei hier herzlich gedankt.

Die historischen Namen SOPIANAE und Peech sind vom Verfasser rekonstruierte Formen unter Verwendung zeitgenössischer Zeichen. Alle anderen Namen sind Kopien aus Originalurkunden oder Buchtexten.

Rückseite: Das Christogramm, ein Fundstück aus der 4. Grabkammer auf dem frühchristlichen Friedhof von Pécs, war mit ziemlicher Sicherheit ein Glied einer Lampenaufhängekette. Material: Bronzeguss, Originalmaß: 85 mm Ø. Es ist Teil der archäologischen Sammlung des Janus Pannonius Museums, Pécs. Das Christogramm wurde zum Symbol des frühchristlichen Friedhofs von Pécs (Sopianae) als Weltkulturerbe. Foto: Janus Pannonius Múzeum, Pécs. Der Direktion des Museums danke ich für die Genehmigung zur Veröffentlichung der Bilder sämtlicher Exponate sehr herzlich.

Kaiser Konstantin soll vor der Schlacht an der Milvischen Brücke (a. 312) ein leuchtendes Kreuz mit der (griechischen) Inschrift τούτο νίκα (übersetzt: lat. *In hoc [signo] vinces*, dt. *In diesem [Zeichen] siege.)* erschienen sein. Der Kaiser ließ dieses Zeichen auf den Schildern der Soldaten führen und als Standarte (Labarum) voraustragen. Er siegte und das Christentum wurde schließlich zur Staatsreligion des Römischen Reiches.

Impressum:

Satz: Dr. Josef Schwing, Dieselstraße 23, D-67141 Neuhofen
Umschlaggestaltung: Stefanie Schwing, Rennbahnstraße 101, D-67454 Haßloch
Kontaktadresse: Dr. Josef Schwing, Dieselstraße 23, D-67141 Neuhofen
Telefon: +49-6236-54488 – E-Mail: dr.schwing@t-online.de
Herstellung: CHROMA Druck & Verlag GmbH, D-67354 Römerberg-Berghausen

ISBN-13 978-3-9801911-3-5

Titel der ungarischen Ausgabe: Schwing József: Pécs város nevei
(ISBN-13 978-3-9801911-3-42)

Inhaltsverzeichnis

Abbildungen

1. Zum Geleit

1.1. Einleitung des Verfassers

Während meiner Beschäftigung mit den Namen von Pécs/Fünfkirchen stellte ich fest, dass deren Erforschung fast ausschließlich Sache der Archäologen war. Die Namenforschung ist in erster Linie eine sprachwissenschaftliche Disziplin. Die Sprachwissenschaft hat jedoch nicht den ihr gebührenden Anteil zur Deutung der historischen Namen und ihrer Einbettung in die Frühgeschichte der Stadt beigesteuert, sie ist in der Bringschuld. Mit der vorliegenden Untersuchung möchte ich dieses Defizit mildern. Allem voran möchte ich an zukunftsweisende sprachwissenschaftliche Ergebnisse anknüpfen, diese weiterentwickeln und mit den historischen und archäologischen Fakten in Einklang bringen. Daneben werde ich auch auf offensichtliche etymologische Fehlinterpretationen hinweisen.

Dem Leser wird nicht entgehen, dass es nur sehr wenige Städte gibt, die eine so schwierige, wechselvolle, aber auch faszinierende Namengeschichte aufweisen wie Pécs/Fünfkirchen in seiner zweitausendjährigen Vergangenheit.

In verschiedenen Gesprächen mit Fünfkirchnern beeindruckte mich immer wieder das Interesse und die gute Informiertheit über die Geschichte ihrer Stadt, im Besonderen über die Römerzeit. Die Ergebnisse der andauernden Ausgrabungen sind der breiten Öffentlichkeit durch die Presse zugänglich. Die historischen Namen der Stadt sind weiten Kreisen bekannt. Dass bezüglich ihrer Deutung mitunter Unsicherheit herrscht, dazu tragen auch einige Veröffentlichungen mit abenteuerlichen, abwegigen Herleitungsversuchen bei, die es hier klarzustellen gilt.

Mit meiner Veröffentlichung möchte ich mich in erster Linie an die Wissenschaft, aber auch an eine breitere Leserschaft wenden. Mit der Aufschlüsselung weniger bekannter wissenschaftlicher Fachausdrücke im Anhang möchte ich erreichen, dass meine Studie auch für weitere Kreise gewinnbringend ist.

Die Dözese feiert heute ihr tausendjähriges Bestehen, 2010 wird das mit dem Titel „Weltkulturerbe“ ausgezeichnete Pécs „Europäische Kulturhauptstadt“. Zu diesen besonderen Ereignissen möchte ich mit meinem Beitrag dieser großartigen, abendländisch geprägten Stadt in meiner alten Heimat, die ich schon seit früher Kindheit bewunderte und liebte, die Ehre erweisen.

Schließlich danke ich sehr herzlich allen Wissenschaftlern, die mir bei der Klärung der vielen komplexen Fragen zur Seite standen.

Josef Schwing Neuhofen, den 23. August 2009

1.2. Vorwort von Prof. Dr. Zsolt Visy, Leiter des Lehrstuhls Archäologie an der Universität Pécs

Die Geschichte des altertümlichen Sopianae und des heutigen Pécs ist durch viele Fäden verwoben, einer dieser Fäden ist die Benennung der Siedlung selbst. Die Tatsache, dass der antike Name nicht weiterlebte, ist am ehesten so zu deuten, dass die Bewohner des Mittelpunktes der Provinz Valeria die Siedlung während des 5. Jahrhunderts verlassen haben. Folglich gab es in den folgenden Jahrhunderten keine entsprechende Bewohnerschaft, die den Namen Sopianae aufrechterhalten hätte.

Pécs hatte jedoch vorher auch die Namen Quinque Basilicae und anschließend Quinque Ecclesiae. Letzterer lebt als Fünfkirchen bis zum heutigen Tag im Kreise der deutschsprachigen Bevölkerung. Es wurde auch erwogen, dass der ungarische Name Pécs als Entlehnung der Zahl 5 aus dem Slawischen entstand. Der Ursprung des Namens Quinque Basilicae verliert sich jedoch im Dunkel, für seine Deutung entstanden früher verschiedene Theorien, von denen keine einzige allgemeine Akzeptanz erlangt hat. Es ist eine sehr schwierige Aufgabe, das archäologische, historische und sprachwissenschaftliche Quellenmaterial einheitlich in einem fehlerlosen System zu vereinigen, zu deuten.

Der aus der Baranya stammende Josef Schwing nahm dieses Thema erneut unter die Lupe und bearbeitete mit einer früher nie dagewesenen Gründlichkeit und Ausführlichkeit die zur Verfügung stehenden Quellen. In seiner Arbeit stützte er sich nicht nur auf seine gesamten und überlegenen Kenntnisse der sprachwissenschaftlichen Daten, sondern auch auf die neuesten historischen und archäologischen Aufarbeitungen und Erkenntnisse. Er hat eine gewaltige Arbeit vollbracht und als deren Ergebnis zahlreiche innovative Feststellungen gemacht. Seine weitumfassende Analyse ermöglichte die Richtigstellung mehrerer früherer Ansichten. Seine analytischen Ausführungen gestatteten ihm die Erstellung einer neuen Theorie über die Herausbildung der Namen von Pécs.

Die Schlussfolgerung der logisch und wissenschaftlich korrekt strukturierten und ausgearbeiteten Monographie beinhaltet auch mehrere überraschende neue Feststellungen, auf die die wissenschaftliche Meinung vielleicht zurückkommt. Dies ist jedoch etwas Natürliches, denn gerade die Diskussionen bringen die Wissenschaft voran.

Zsolt Visy

1.3. Vorwort von Prof. Dr. Jürgen Udolph (Göttingen/Leipzig)

Die Untersuchung von Josef Schwing ist ein Musterbeispiel dafür, wie komplex, vielschichtig und problematisch die Geschichte eines Ortsnamens sein kann, vor allem in einem ethnisch gemischten Gebiet, das zudem noch auf eine wechselvolle Geschichte zurückblicken kann. Hinzu kommt, dass die bisherigen Untersuchungen der Ortsnamen der Stadt Pécs/Fünfkirchen keineswegs modernen Ansprüchen genügten. Die Beschäftigung mit der Geschichte der Stadt war bisher in erster Linie Sache der Geschichtswissenschaft und der Archäologie.

In diese Lücke stößt die vorliegende Untersuchung – und sie tut dieses in hervorragender Weise. Der Verfasser hat es sich bei seiner Untersuchung der Namen von Pécs/Fünfkirchen wahrlich nicht leicht gemacht, und gerade darin liegt ihre Stärke, vor allem auch deshalb, weil historische und archäologische Argumente durchaus einbezogen werden. Es wurde somit eine in ihrer Disziplinarität vorbildliche Untersuchung vorgelegt, die ihresgleichen sucht. Überzeugend werden Entstehung, Überlieferung und Etymologie der Namen Sopianae, Quinque Basilicae, Quinque Ecclesiae, Pécs behandelt, neue Überlegungen und Deutungen präsentiert und somit der Stadt, die im Jahre 2010 als Kulturhauptstadt Europas im Mittelpunkt des historischen und kulturellen Interesses stehen wird, ein schönes Geschenk überreicht.

Josef Schwing hat gezeigt, wie die Geschichtsschreibung einer Stadt aus namenkundlicher Sicht bereichert werden kann.

Jürgen Udolph

1.4. Vorwort des Bischofs der Diözese Pécs/Fünfkirchen, Michael Mayer

Im Namen aller Angehörigen unseres tausendjährigen Bistums danke ich Herrn Dr. Josef Schwing für seine Studie über die Namen unserer Stadt. Der Verfasser ist ein Landsmann unserer Heimat und unseres Bistums. Mit gutem Gespür und aktuellem Bezug hat er sich der Deutung der Namen unseres Bistumssitzes angenommen in einer Zeit, in der unser Bistum sein Millennium feiert und unsere Stadt im nächsten Jahr den Titel Europäische Kulturhauptstadt besitzen wird. Sein Buch empfehle ich der Aufmerksamkeit aller Interessenten.

Michael Mayer
Bischof

2. Die Ortsnamen

2.1. *Sopianae*

Römerzeitlicher Name des heutigen Pécs. Die strategisch und klimatisch günstig gelegene keltische Siedlung in Pannonia Inferior wurde mit dem Ausbau der Heeresstraßen durch die Römer zu einem wichtigen Verkehrs- und Handelsknotenpunkt, wo sich fünf wichtige Straßenzüge nach Savaria, Brigetio, Arrabona, Aquincum und Mursa kreuzten. Die Siedlung erlangte seit Anfang des 3. Jahrhunderts städtischen Charakter. Zu politischer Bedeutung gelangte die Stadt, als sie um 296 Verwaltungssitz, Sitz des Präses der von Kaiser Diokletian neugeschaffenen Provinz Valeria wurde. Der wirtschaftliche Aufschwung zog Ansiedler aus Italien an. Für die Zeit des Prinzipats sind in Sopianae Auxiliarveteranen bezeugt. Das reichhaltige archäologische Denkmalgut, besonders die frühchristlichen Fundstätten aus dem 4. Jahrhundert, reflektieren die ethnische und kulturelle Vielfalt der Bewohner von Sopianae. Außer der römischen Verwaltungsschicht ist griechische, germanische und vielleicht auch jüdische Präsenz sowie karpische und sarmatische Zuwanderung nachgewiesen. Die vierhundertjährige Römerherrschaft hat die vollständige Assimilierung der Kelten zur Folge gehabt. (Vgl.: Der neue PAULY 11: 738.)

2.1.1. Hist. Belege

1) ItAnt.[1] 231.9: *per Sopianas* [Var.: *Soppianas, Soppeanas*] *Treveros usque* (ANREITER 198; HOLDER 2: 1616).
2) ItAnt. 232,8: *Suppianis* (ANREITER 198), *Sopianis* (?) (HOLDER 2: 1616).
3) ItAnt. 264,1: *A Sopianis* [Var.: *Sopiana*] *Acinco* (ANREITER 198).
4) ItAnt. 264,7: *Iter a Sopianis Bregetione* (ANREITER 198; HOLDER 2: 1616).
5) ItAnt. 267,5: *Sopianis* [Var.: *Supianis*] (ANREITER 98; HOLDER 2: 1616).
6) Ammianus Marcellinus /330–397/ 28,1,5: *Maximinus, regens quondam Romae vicariam praefecturam, apud Sopianas* [Var.: *Sopianus, Sopianum, Sopianos*] *Valeriae oppidum obscurissime natus est patre tabulario praesidialis officii orto a posteritate Carporum, quos antiquis excitos sedibus Diocletianus transtulit in Pannoniam*[2] (ANREITER 198; HOLDER 2: 1616, MÉSZÁROS 13; RUSSU 167).
7) CIL III 3293 (Laskó): *Iustus civis So[pian(ensis)]* (ANREITER 198; HOLDER 2: 1616); anders (dieselbe Quelle): *CIVES SO(pianenses)* (GRAF 117).

---

[1] Das Itinerarium Antonini (ItAnt.), aus dem die meisten Belege stammen, ist zu Beginn des 3. Jahrhunderts entstanden und um 300 n. Chr. redigiert worden. Es beschreibt die wichtigsten römischen Straßen, deren Stationen und die dazwischen liegenden Entfernungen sowie die Namen der wichtigsten anliegenden Siedlungen. Für die ersten zwei Jahrhunderte n. Chr. ist der ON *Sopianae* nicht belegt.

[2] [Maximinus, der einst stellvertretender Präfekt Roms war, wurde bei Sopianae, der Stadt in der Provinz Valeria geboren, sein Vater, der der Tabularius des Präsidialamtes wurde, war niederer Herkunft vom Volke der Karpen, das Diokletian aus seiner ursprünglichen Heimat nach Pannonien umsiedelte.]

2.1.2. Bisherige Veröffentlichungen und Deutungen des ON

2.1.2.1. *Sopianae* zu einem PN

László JUHÁSZ (229f.) sieht im Wortstamm *Sop-* einen PN: **Sopius*, in dem er einen Prädiennamen, den Namen eines keltischen Anführers, den Grundherrn in und um Pécs vermutet. Der ON wird als Ellipse zu **Coloniae Sopianae* gedeutet. Der Plural des ON soll sich auf eine Gruppe von kleineren Siedlungen beziehen, die typisch für die Siedlungsstrukturen der Kelten sind. Dieser Ansicht schloss sich mit Vorbehalt Ottó SZŐNYI (1936) an.

Die Möglichkeit der Ableitung des ON von einem PN mit dem denominalen Adjektivsuffix *-an- (+ -us, -a, -um,* analog *Antiana, Tricciana, Floriana* usw.*)* zu einem Nomen Possessoris, wurde auch von Aladár RADNÓTI (1954, 492) erwogen. Einwände von Zoltán MÁDY (47): Diese Deutung wäre nur dann gerechtfertigt, wenn man den Stamm *Sop-* als PN begründen oder gar finden könnte. Das Ableitungssuffix *-an-* wurde nur für die Bildung der von ON abgeleiteten Adjektiven verwendet, die Ableitung von PN soll nach Zoltán MÁDY eine spätere Entwicklung gewesen sein.[3] Anton MAYER (318) leitet *Sopianae* von einem illyrischen PN ab.

Im Gegensatz zu den vorgenannten Veröffentlichungen bringt Peter ANREITER (198) eine etymologisch fundierte Deutung. In **Sopianae* sieht er einen Prädiennamen (prädiales Oikonym), dem ein PN zugrunde liegt. Da ein lateinischer PN **Sopius* nicht belegt ist, glaubt Peter ANREITER, dass sich in **Sopianae* ein keltischer PN verbirgt, der nur **Sopios* (> lat. **Sopius)* gelautet haben konnte: „Ein solcher ist zwar leider ebenfalls nicht bezeugt, hätte aber eine durchaus brauchbare Etymologie: **soq^{u}ios* ‘Gefährter, Kumpel’[4] (zu idg. **seq^{u}-* ‘folgen’), vgl. lat. *socius* ‘Gesellschafter, Teilnehmer, Bundesgenosse, Gefolgsmann’, altisl. *seggr* ‘Gefolgsmann, Geselle, Mann’.“ (ebd.)

Obwohl der Wortstamm weder im Keltischen noch im Lateinischen als PN oder als Appellativ belegt ist, gewinnt diese Herleitung Peter ANREITERs (193ff.) in hohem Maße an Überzeugung, da in Pannonien derivative Prädiennamen: Eigennamen + Prädialsuffix *-(i)ān-* + die Endung „nur für das Keltische eindeutig nachgewiesen“ sind. Die Deutung wird mit vierzehn analogen Beispielen erhärtet (ebd. 194). Im Lateinischen betrifft diese Bildungsart hauptsächlich PN (Pränomen, Nomen Gentile oder Cognomen des Gründers, (Erst-)Besitzers, oder einer Person, die sich um den Ort verdient gemacht hat). Sie wird substantivisch oder auch adjektivisch gebraucht. Auch in anderen römischen Kolonialgebieten ist sie belegt, z. B. im römischen Bayern (Vgl. Albrecht GREULE, Ortsnamen-Interferenzen […] Die *-(i)anum*-Namen).

---

[3] MÁDY stützt seine Aussage auf STOLZ-SCHMALZ-LEUMANN-HOFFMANN: Lateinische Grammatik. München 1928, ohne Seitenangabe.

[4] Es wäre zu fragen, ob der Name *Pons Sociorum*, Station an der Straße *Sopianae–Aquincum* (vgl. GRAF 118f.), mit der von ANREITER vorgeschlagenen Deutung im weitesten Sinne in Verbindung gebracht werden könnte. Vgl. auch: „Nach der Beobachtung Kenner's benennen die Römer die Kastelle oft nach einem Stamme *(Osonibus, Jasulonibus, Maestrianis sc. castris)* […] die Bezeichnung *Pons sociorum* dürfte vielleicht auf einer ähnlichen Weise erklärt werden“ (GRAF 119, Anm. 2).

Eine Verwandtschaft von *Sopianae* mit den frz. GewN und ON *Suippe(s)* (siehe unten 2.1.2.2.) hält Peter ANREITER (198f.) „aus semantischen und etymologischen Gründen“ für abwegig.

Es gäbe allen Grund, bei der Deutung Peter ANREITERs zu bleiben. Nachdem sich jedoch die Deutungsversuche, die von den Namen vom frz. GewN und ON *Suippes* oder vom Appellativ **Sop-* ‘Sumpf’ ausgehen, in der ungarischen Fachliteratur hartnäckig halten, möchte ich im Folgenden dieser Frage etwas ausführlicher nachgehen.

2.1.2.2. *Sopianae* zu den frz. GewN und ON *Suippe(s)* bzw. zu kroat. *Sopje?*

Historische Belege zu *Suippe(s): Suppia, Supia* oder *Sopia,* sind seit dem 7. Jahrhundert belegt, *Subnis* ist deren latinisierte Variante (vgl. PAULY-WISSOWA 2: 1651, HOLDER 2: 1672, LEBEL 233). Alter Name der *Suippe*, eines linken Nebenflusses der *Aisne:* Pertz Diplom. I p. 27, 42, Dipl. reg. Franc. Merowing. nr. 27 vom J. 664 und nr. 45 vom 1. August J. 677: *super fluvium*, Var. *fluvio Suppia;* ebd. p. 91, Dipl. maior. dom. e stirpe Arnolf. nr. 1. um J. 650: *duos molendinos in Supia.* Der Flußname war auf eine anliegende Ortschaft übertragen, heute *Suippes* (vgl. Sorgues an der Sorgue). (PAULY-WISSOWA ebd.). – Vita Rigoberti episc. Remens., Mon. Germ. Script. rer. Merov. VII p. 76: *venit de villa secus fluvium Sopia* (var. *Sopiam) sita.* [Keune.] (PAULY-WISSOWA ebd.). – Vita Remigii episc. Remensis auct. Hincmaro 32, Mon. Germ. Script. rer. Merov. III p. 337: *super vineam meam ad Subnem positam.*

Sich auf die vorgenannten Quellen stützend, nimmt Ede MÉSZÁROS an, dass eine Gruppe der nach Pannonien eingewanderten Kelten, die in der Gegend des heutigen Flusses *Suippe* im einstigen Gallien beheimatet war, in die Umgebung von Pécs gelangt sei. Ein anderer Teil der Gruppe soll dann über die Drau in das heutige Slawonien (ehem. ung. Komitat Verőce) weitergewandert sein, wo sie eine Siedlung Namens **Sopia* gründeten, die ihren Namen als *Sopje* bis in unsere Zeit beibehielt.[5]

Ede MÉSZÁROS begründet seine Annahme u. a. damit, dass ausgewanderte Völker oder Volksgruppen häufig den Namen der Region oder des Ortes ihrer alten Heimat in die neue mitnehmen. Die archäologischen Funde auf dem Jakab-Berg sollen aus der Zeit dieser Besiedlung stammen. Im Späteren entstanden mehrere Gehöfte, die sich in römischer Zeit zur heutigen Stadt hin ausdehnten. Ein gewichtiges Argument für den Zusammenhang des ON mit dem gallischen **Suppia (> Suippe)* sieht Ede MÉSZÁROS in der Variante (Abl. Pl.) *Suppianis* (ItAnt. 232,8), die eine vom Aufzeichner des ItAnt. festgehaltene volkssprachliche Aussprache (im Gegensatz zur amtlichen Form) sein soll. Diese Variante (Stammvokal *u* = [u] und Geminata *pp* = [p:]) sollen die Siedler aus Gallien mitgebracht haben. Daraus kann nach Ede MÉSZÁROS gefolgert werden, dass der Aufzeichner des ItAnt. die ursprüngliche Aussprache des ON und seine

---

[5] MÉSZÁROS knüpft an Livius (V. 34–35) an, der berichtet, dass mehrere keltische Stämme unter der Führung von Bellovesus und Sigovesus an den Oberlauf des Rheins, in das Gebiet Hercynia Silva, dann nach Pannonien abgewandert und sogar über den Balkan nach Kleinasien gelangt sind. Die gallische Herkunft der pannonischen Kelten soll archäologisch als gesichert gelten (ALFÖLDI, András, zit. bei MÉSZÁROS 4).

Herkunft kannte. Eine in den Itinerarien häufig festgestellte Verschreibung kann laut Ede MÉSZÁROS im vorliegenden Falle nicht angenommen werden, denn es kann kein Zufall sein, dass die eine Form mit *o* und *p*, die andere mit *u* und *pp* erscheint.

Im Weiteren geht Ede MÉSZÁROS der Frage nach, warum der ON im Plural erscheint und merkt an, dass László JUHÁSZ den richtigen Ansatz hatte, wenn er *Sopianae* als Ellipse von „coloniae Sopianae" deutete. Den Grund sieht er auch in der Siedlungsstruktur der Kelten. Jeder Stamm hatte sein eigenes Befestigungssystem. Unter Berücksichtigung dieser Verhältnisse können Konstruktionen wie **Sopianae civitates, terrae, regiones, possessiones* angenommen werden, entweder als Kollektivbenennung des Besitzes des **Sopius* oder als Gesamtheit der Gehöfte um **Sopia.*

Die Spekulation von Ede MÉSZÁROS beruht ausschließlich auf lautlicher Ähnlichkeit der beiden Namen ohne jeglichen linguistischen Deutungsversuch. Zudem ist nicht gesichert, ob das Wort zur Zeit der Abwanderung der keltischen Gruppen im 4. Jahrhundert v. Chr in Gallien schon existierte.

2.1.2.2.1. Volkstümliche Deutung des GewN und ON *Suippe(s)*

Eine ausgefallene außersprachliche Deutung für *Suippe(s)* bietet Auguste DENIS (11–15). Nach ihm verbirgt sich in dem GewN *Suippe,* von dem der ON *Suippes* (Pl.) abgeleitet wird, der Name einer Gewässergottheit. „Man weiß seit langem, dass fast alle Flussnamen keltischen Ursprungs sind [gilt als überholt], und dass die Siedlungen, die ihren Namen tragen, die ältesten entlang ihres Laufes sind. Im übrigen gab es bei den Galliern und Belgiern unzählige Wassergottheiten; jeder Fluss, jeder Brunnen und jede Quelle hatte seinen besonderen Geist (Genius), dem man irgendeine besondere Kraft zuschrieb. [...] Dieser Glaube an die Geister der Quellen und Brunnen war im späteren Christentum derart stark verwurzelt, dass die Kirche auf den Konzilien des 6. und 7. Jahrhunderts heidnische Pilgerfahrten dorthin bei strengster Bestrafung verbot. [...] Und wer weiß, ob die Pilgerfahrten, die jedes Jahr am Ostermontag in Nantivet stattfinden, nicht die Reminiszenz jener Pilgerfahrten sind, die zu Ehren der guten Fee Supia oder Sopia stattfanden, da diese auch irgendeine Kraft besitzen konnte, die Augenkrankheiten zu heilen."[6]

Der Ort war in der Römerzeit besiedelt. „Die Straßen aus der Römerzeit, die noch immer existieren, zeugen von einer langen Periode römischer Anwesenheit [...] und die Ruinen markieren die genaue Stelle einer römischen Station." Auf den Karten des 11. und 12. Jahrhunderts erscheint Suippe [der Ort] noch ohne Plural-*s* im Auslaut in

---

[6] „L'on sait depuis longtemps que presque tous les noms de rivières sont d'origine celtique, et que les lieux qui portent leurs noms sont les plus anciennement établis sur leur parcours. Du reste, les divinités des eaux étaient innombrables chez les Gaulois et chez les Belges; chaque rivière, chaque fontaine et chaque source avait son génie particulier, auquel on attribuait quelque vertu. [...] Cette croyance aux génies des sources et des fontaines était fort enracinée chez les chrétiens, puisque les Conciles tenus aux VIe et VIIe siècles font mention de pèlerinages païens que l'Eglise interdit sous les peines les plus sévères. [...] Et qui sait si le lundi de Pâques n'est pas une réminiscence ou une continuation du pèlerinage qui se faisait à la bonne fée Supia ou Sopia qui, elle aussi, pouvait avoir quelque vertu por guérir les maladies d'yeux."

verschiedenen Schreibungen: *Souype, Suype* und *Souyppe.* Auf einer Karte aus dem Jahr 1404 wird der Ort zum ersten Mal *Suippe-la-Longue* genannt. Für ausführlichere Informationen verweist der Autor auf LE PRÉVOST, Auguste: Dictionnaire des anciens noms de lieu du Département de l'Eure. Evreux 1839.

2.1.2.2.2. Etymologische Zuordnung des GewN und ON *Suippe(s)*

Der Zusammenhang der historischen Belege, *Suippe(s)* vs. *Suppia, Supia, Sopia,* ist nicht eindeutig. Sind die genannten Formen ein und derselben Etymologie zuzuordnen, oder verlangt *Suippe(s)* eine gesonderte, von den übrigen frz. GewN auf *Sup-/ Sop-* unabhängige Betrachtung?

Für Paul LEBEL (233) „scheint“ *Suippe(s)* (u. Var.), das er unter dem Stichwort **Supia* 'sumpfig' behandelt, „die [adj.] Ableitung des Appellativs **supa* 'Sumpf' eines germ. **sup(p)ja* zu sein“,[7] genauso wie die übrigen frz. GewN *Sup-*. (Vgl. 2.1.2.3.) Die Formen mit dem Stammvokal *-o-* sind sekundäre, latinisierte Varianten.

Dagegen leitet Anneliese SCHMID (238f.) den GewN *Suippe* mit ausführlicher etymologischer Erläuterung auf ein idg. **su̯ipi̯ā-* > germ.-fränk. **Suip(p)ia* 'die Lebhafte, die Gewundene', zu idg. **su̯ē(i)-* 'biegen, drehen, schwingen, lebhaft bewegen' zurück. Hierher stellt sie den dt. GewN *Schwippe* sowie den engl. FlN *Swift*. Ihre Deutung wurde u. a. auch von Hans KRAHE (1964, 29) übernommen.

2.1.2.2.3. Der kroat. ON *Sopje*

Der Versuch von Ede MÉSZÁROS, den kroatischen ON Sopje mit *Sopianae* in Verbindung zu bringen, ist historisch nicht gestützt.
Der römerzeitliche Name des unweit des rechten Ufers der Drau gelegenen Ortes war *Cocconae* (vgl. GRAF 65, ANREITER 55f.). Die Annahme einer Vorform **Sopia* zu *Sopje* hätte jedoch in der Lautentwicklung des römerzeitlichen ON *Celeia* > heutiges *Celje* eine Analogie. Hinzu kommt, dass der Ort auf der Karte, Abb. 21, als *Sopia* bezeichnet wird. Handelt es sich hier lediglich um eine latinisierte Form?

Franz MIKLOSICH (318) sieht im ON eine Variante zu asl. *sopotъ,* 'Bach, Quelle', dazu vgl. noch 2.1.2.4.2. Die Deutung 'Sumpf' kommt hier kaum in Betracht, denn die rechte Seite der Drau um *Sopje* ist höher gelegen und kein Sumpf- oder Überschwemmungsgebiet.

2.1.2.3. Der Wortstamm *Sup-/Sop-* als Appellativ zu kelt. 'Sumpf'?

Nach Zoltán MÁDY (47) sollen geographische Namen auf *Sup-/Sop-,* zu denen auch *Suippe(s)* zu stellen ist, in den ehemaligen keltischen Siedlungsgebieten häufig vorkommen. Daher ist die Annahme, dass die keltischen Bewohner von *Sopianae* vom

---

[7] Zur Frage des Ausbleibens der Palatalisation des *p,* gefolgt von einem *j,* äußert er sich wie folgt: „... le groupe *-py-* entre deux *a* est devenu *-ch-* dans le Bassin parisien et en Normandie, alors qu'il s'est transformé en *-ip-* en Lorraine et Wallonie ou a passé à *-p-* dans le nord de la Picardie“ (LEBEL 210).

Fluss *Suippe* in Gallien abgewandert sind und diesen Namen mitgebracht haben, nicht zwingend. Seine Studie sollte den Beweis erbringen, dass den angeführten Wörtern ein keltisches Appellativ, die Wurzel **sup-/*sop-*, zugrunde liegt. Nach seinen Worten haben die von ihm unten genannten geographischen Namen und Appellative im Irischen und besonders im rechtsrheinischen Südwesten Deutschlands, dem ursprünglichen Siedlungsgebiet der Kelten, die gleiche etymologische Herkunft und bedeuten in Südwestdeutschland 'Sumpf, Moor, sumpfige Wiese', in mehreren keltischen Sprachgebieten 'Gras, Binsen, Schilfbüschel'. Auf die zur Zeit des Erscheinens seiner Studie diskutierte Herleitungsproblematik des frz. *Suippe(s)* geht er jedoch nicht ein und bringt auch keinen weiteren Namen aus dem gallischen Raum.

Als irischen Beleg nennt er den GewN *Succae,* (Var. *Suca, Succa*), den er etymologisch zu gall. *Suippe(s)* < **Suppia* stellt. Der aus Carl MARSTRANDER 75 und 126 entnommene Name *Soppr* soll nach ihm ebenfalls ein keltischer GewN in Irland sein.

Die Heranziehung des Werkes von Carl MARSTRANDER ist ein Fehlgriff, denn es behandelt, wie schon der Titel (siehe 3., Literatur) besagt, die norwegischen Lehnwörter im Irischen. *Sopp* 'Wisch, Besen', norw. 'visk' (vgl. MARSTRANDER 126 mit weiteren Angaben) ist ein norwegisches Lehnwort im Irischen, in dieser oder ähnlicher Bedeutung. Ferner gibt es zeitliche Unstimmigkeiten: Erst ab Ende des 6. Jahrhunderts erschienen Nordgermanen auf den Shetlandinseln und die Wikingerinvasion in Irland erreichte in der Zeit vom Ende des 9. Jahrhunderts bis zum 12. Jahrhundert ihren Höhepunkt. (ZIMMER 296, 299).

In der altirischen Heldensage Táin Bó Cúailnge (9. Jahrhundert) kommt nach Zoltán MÁDY das Wort als *suipp*, allerdings in der Bedeutung 'Grasbüschel' vor, das auf ein älteres (irisches?) *sop, sopu* zurückgehen und als *sop* auch im heutigen Irischen „neben der ursprünglichen Bedeutung" 'Haarbüschel, Nebelschwade' bedeuten soll. Auch dieser Beleg ist nordgermanischen Ursprungs. Das Appellativ *Sop(en)* m. gibt es in der Bedeutung 'Borstengras' im Alpenraum und auch im Niederländischen in den Bedeutungen 'Stengel, Trieb, Erhöhung, Spitze, Bergspitze'. Vgl. noch 2.1.2.4.4.

Für die Abhandlung der geographischen Namen Südwestdeutschlands, des „keltischen Stammlandes", das nach Zoltán MÁDY noch lange Zeit nach der germanischen Landnahme keltisch geblieben sein soll, verwendet er nur eine Quelle, das (längst als überholt geltende) Oberdeutsche Flurnamenbuch von M. R. BUCK (261). Die daraus entnommenen Namen sollen nach ihm keltische Reliktwörter sein. M. R. BUCK macht jedoch keine etymologischen Angaben. Im Artikel *Soppen* m. n., *Suppen* n. werden 'Moor, Sumpf, Morast' als Bedeutungen angegeben und folgende Belege genannt: *Soppach, Soppede, Riedsoppen, Schulmeisterssoppen, Mädlesoppen, Schluchtsoppen, Langer Soppen* [...] *Dürrsuppen* (1590: *zuo der dürren Suppen*) und *Soppenbach.*

Die Bedeutungs- und Genusangaben der Belege in M. R. BUCKs Flurnamenbuch sind knapp und unvollständig. Die Genusangabe n. wäre zu überprüfen, weil sie sonst nirgends erscheint. Es wurden von ihm die zur Zeit der Veröffentlichung zur Verfügung gestandenen Wörterbücher nicht ausgewertet. Die diesbezüglichen Wortartikel des Schwäbischen Wörterbuchs und des Schweizerischen Idiotikons sowie des in der

Folgezeit erschienenen Deutschen Wörterbuchs (1942, Bd. 20) zeigen ein sehr differenziertes formales und semantisches Bild der Wortgruppe *Sopp-/Supp-* im westlichen Alpen- und Voralpenraum. All diese Quellen blieben auch Zoltán MÁDY verborgen.[8]

Das Schwäbische Wörterbuch (5: 1459) gibt unter dem Stichwort *Soppe*^{n} m. folgendes an: 'Gras der Alpwiesen, Juli–Aug. geheut', 'zweites Gras der im Frühjahr vom Vieh abgefretzten Felder'; Belegangaben: *Soppen (langer, der linde, am großen); Brandsoppen; Soppenbach, -halde, -hau, -mad, -tal, -wiese.* Als genauere Bedeutung des Appellativs wird auch 'Nardus stricta (Borstengras)' angegeben. Andererseits wird mehrfach ein mit *Suppe* identisches *Soppe* f. in der Bedeutung 'Sumpf, Morast' angenommen. Das anschließende Stichwort, *soppen* (Verb, schw.) hat die Bedeutung 'einen Ton erzeugen, wie wenn man im Morast watet'.

Im Schweizerischen Idiotikon (1913, 7: 1226ff.) finden sich folgende Angaben: 1. Artikel Sop: *Sope*^{n} m. und Zs. 'wohlriechende Kräuter', von Ysop abgeleitet. 2. Artikel Soppel II: *Soppe*^{n} m. 'handhohes fettes Gras, handhohe gutgewachsene Saat'. 3. Artikel Soppe^{n}: *Soppe*^{n} m. 'steifes Borstengras (Nardus stricta), Bocksbart [...] auf schlechtem Alpboden wachsend [...] Auf einzelnen Höhen findet man den von allen Heuern gefürchteten *Soppen,* der gegen Mittag hin der schärfsten Sense trotzt.' [...] 'Das senkrechte Nardengras heißt im Provinzialnamen *Soppa.* [...] Einige Alpen, die viele dürre Hügel und wenig Quellen haben, werden von diesen Pflanzen sehr bevölkert.' Als Anmerkung zu diesem Wortartikel steht: „Nebenform zu *Suppen I.* Vielleicht nach dem Standort benannt und eine ähnliche Bedeutung, 'Sumpfboden', voraussetzend, wozu steir. *Soppe* f., 'Kotlache', *Soppwerk* 'nasses Wetter' gehört." Ein weiterer Artikel, *Suppe*^{n} f., gibt 'zähes Gras auf moorigem Boden' an. 4. Artikel soppig: *soppig* Adj. 'aus Borstengras bestehend' *(soppnigs Gras),* von trockenem Boden. 5. Artikel Suppen I: *Suppa* f. 'zähes Gras auf moorigem Boden'. 6. Artikel Suppe II *Suppa* (bzw. *-o-*) mit mehreren Zs. und Bed. wie 'flüssige Speise', 'Mistjauche', 'Branntweinschlempe', 'die Pflanze Sauerklee (Oxalis)'. Zu letzterem Artikel erscheint folgende Etymologie: spätmhd. *suppe (soppe)* f. Nach seiner Lautform ist das Wort auswärtiger Herkunft, wahrscheinlich aus frz. *soupe* entlehnt, da obd. sonst *Supfen* oder *Sopfen* zu erwarten wäre. Älteste Bed. 'in Flüssigkeit eingetunktes Brot', seit dem 14. Jahrhundert auch Suppe 'flüssige Speise'. Frz. *soupe* gilt als germ. Lehnw., vgl. mnl. *soppe* f. (neben *sop* n.) 'eingetunktes Brot', holl. *sop* n., f. 'bes. in Milch usw. geweichtes Brot; Schlempe'. Zu germ. *sūp* 'schlürfen', wozu obd. *suffen* bzw. *supfen* gehört. (ebd. 7: 1234.)

Belege des Badischen Wörterbuchs: *Suppenrain*, mda. ['supəˌroŋ̥] FlN in Gutmadingen, a. 1585: *uf Supenrain* (aus: Badische Flurnamen I, 1, 30). Auf meine Anfrage im Ort Gutmadingen erhielt ich die Auskunft, dass sich die Flur am Berghang befindet, wo „zartes Gras" wächst und es weit und breit keinen Sumpf gibt.

---

[8] Anzuerkennen ist, dass MÁDY für die Deutung von *Sopianae* eine breite Grundlage sucht. Das Ergebnis ist jedoch dürftig und irreführend. Er bietet nicht mehr als eine oberflächliche, unvollständige Auflistung formal gleicher oder ähnlicher Wörter, ohne sich mit der Etymologie in gebührender Weise auseinanderzusetzen.

Peter ANEN (35) gibt für Luxemburg unter dem Stichwort *Sumpf* als FlN *Soup, in Soopen, in den Saupen, in den Suppen* an. Das Rheinische Wörterbuch (8: 999, Suppe I) nennt für das Moselfränkische 'Sumpf, morastige, weiche Stelle im Walde, Acker, wo der Wagen leicht einsinkt'.

Das Deutsche Wörterbuch stützt sich auf die Belege der vorgenannten Wörterbücher und gibt unter *¹Suppe 8* (20: 1229f.) die Bedeutungen 'kotige Flüssigkeit, Schlamm, Sumpf' an. Das Wort soll erst seit dem Frühnhd. (Ende des 15. Jahrhunderts) nachgewiesen sein und im gesamten deutschsprachigen Raum vorkommen. *²Suppe* f. (20: 1231) wird als Pflanzenname mit den Bedeutungen des Schweizerischen Idiotikons ('steifes Borstengras' u. a.) angegeben.

Paul LEBEL (226) gibt für **Suppa* (ebenso wie für *Suippe(s) < *Supia*) die Bedeutung 'feuchte, durchweichte, schlammige Stelle'[9] an. Er nennt für die Côte-d'Or im Osten Frankreichs in der Region Bourgogne noch folgende Belege: *Fontaine des Souppes* in der Ortschaft Saint-Marc-sur-Seine und *Fontaines-des-Sopotes* in Marigny-le-Cahouët (wobei *-otes* von ihm als Dim. Pl. interpretiert wird; vgl. auch 2.1.2.4.3.). Die Namengeber waren nach LEBEL die Bauern, die ihren Hanf zum Rösten in die vorgenannten Quellen gesenkt haben. Das Wort erscheint bei Paul LEBEL auch als GewN in der Zusammensetzung *Marsoupe* (Lemma: **Mari-suppa,* S. 258). Der Fluss mündet bei Saint Mihiel in die Maas. Den vulgären Namen gibt es erst seit dem 16. Jahrhundert. In latinisierter Form, *Marsupia,* gibt es ihn im 12. Jahrhundert mehrmals im Cartulaire der Abtei Saint-Mihiel. Nach Paul LEBEL hatte der Name die ursprüngliche Bedeutung 'Hanfröze des Sumpfs' und wurde später auf den Fluss, der die Rözen durchfloss, übertragen.

August KÜBLER (201) bringt für den Kanton Graubünden (Schweiz) unter *sŭppa,* ein nach ihm germ. Wort, das ins Rätoromanische entlehnt wurde, für die rätorom. Leitform *zupp* m. 'Hanf-, Flachsröste' folgende Varianten mit Ortsangabe: *Zop,* Alvaschein (rät.); *Pra da zopp* (*Pra* < lat. pratum 'Wiese'), Guarda (rät.). Mit Gen. des Artikels: *Plan del zop,* Lavin (rät.); Der Pl. in: *Sops,* Filisur (rät.) (Flachsretzen!); *Zops,* Obervaz (rät.); *Zųps*, Feldis, Portein (rät.) (Hanfrotzen!), Urmein (dt.), Zillis-Reischen (rät.); *Prau da zops* (*Prau* < lat. pratum 'Wiese'), Tartar (rät.); *Val zųps,* Paspels (*val* 'Tal') (rät.). – Der Pl. mit Art. in: *gio dals Zops* (lat. deōrsum 'abwärts' > *gio* 'unten, hinunter'). Der Koll.-Pl. auf *a* mit Pl.-*s* u. Art. in: *las Sǫppas,* Latsch (rät.). Vgl. dazu noch 2.1.2.4.3.

2.1.2.4. Etymologische Zuordnung der Belege unter 2.1.2.1.–2.1.2.3.

2.1.2.4.1. *Suppe, Soppe* 'flüssige Speise'

Nach KLUGE[22] (715) ist *Suppe* 'flüssige Speise' ein ursprünglich niederdeutsches Wort, das ins Frz. *(> soupe)* entlehnt wurde und von dort in die dt. Hochsprache gelangte. Die ursprüngliche Bed. wäre 'in Flüssigkeit getauchte Brotschnitte'. Etymolo-

---

[9] 'endroit détrempé'.

gisch gehört es zu 2.1.2.4.2. (hier weitere Belege). Dagegen leitet Harri MEIER frz. *soupe* und entsprechende Formen in anderen romanischen Sprachen von lat. **suppedare* 'eintauchen' ab. Dieter WOLL stellt das in den rheinischen Mundarten verbreitete Verb *zoppen* 'eintauchen, unter Wasser halten (auch von anderen Gegenständen)' ebenfalls zu **suppedare*. Vgl. dazu auch die ausführlichen Artikel des Rheinischen Wörterbuchs (8: 1000ff., Suppe II, bes. 9: 827f. Zoppe).

2.1.2.4.2. *Sopp(en), Suppe* 'Sumpf, Morast' u. ä.

Für die Bedeutung 'Sumpf' bietet sich die Herleitung von folgender idg. Stammesgruppe an: **seu-, *seu̯ə-: *sū-* 'Saft, Feuchtes'; verbal: 'Saft ausdrücken', 'regnen', 'rinnen', und zwar die mit einem Labial erweiterten Varianten **seup-, *seub-* als die plausibelste. Julius POKORNY (912f.) hat hier wohl als selbstverständlich vorausgesetzt, daß man die Ablautformen einbezieht, indem von einer gedehnten Schwundstufe auszugehen ist: **-eu- : *-ou- : *-u-*, dazu die gedehnte Form mit **-ū-*. Hierher gehört auch der nach Peter WIESINGER (1990, 269) vermutlich idg. voreinzelsprachliche oberösterr. GewN und ON *Suben*. Im Germanischen sind vor allem die *u-* und *ū-*Varianten zur Basis geworden, die *Suppe* bzw. *saufen* ergaben. Die Senkung des Stammvokals wäre eine spätere Entwicklung. Dazu bringt Julius POKORNY folgende Belege: ai. *sūpa* m. 'Brühe, Suppe', aisl. *sūpa*, ags. *sūpan*, ahd. *sūfan* 'schlürfen, trinken, saufen'; … ags. *sopp* f. 'eingetauchte Bissen', mnd. (daraus mhd.) *soppe, suppe*, ahd. *sopha, soffa* 'Brühe, auch mit eingeweichten Schnitten; Bodensatz'; „aksl. *sъs-ǫ, -ati*, Iter. *sysati* 'saugen' wohl aus **sup-s-* (POKORNY 913). Anmerkung: Den *-s*-Auslaut gibt es auch (als Pl.?) im Rätoromanischen; vgl. 2.1.2.3.

Unter Zugrundelegung dieser Herleitung können die oben aufgelisteten Wörter keinesfalls dem Keltischen zugerechnet werden. Idg. *b, d, g* sind im Keltischen unverändert geblieben, dagegen ist idg. *p* im Keltischen entweder geschwunden (air. *athir* 'Vater' < idg. **ph₂tēr*) oder durch *ch* [x] ersetzt worden (air. *secht* 'sieben' < idg. **septm̥*). Im *p*-Keltischen entstand ein „neues" *p* als Ersatz für idg. *qu̯ (kʷ)*. Im *q*-Keltischen ist idg. *p* nur in Lehnwörtern (vgl. oben *Sopp*) und als Ergebnis bestimmter Lautverbindungen vorhanden (*bh > p*). Daher werden die (eigentlich sporadischen) Belege des gallischen Gebiets von der Forschung folgerichtig als Lehnwörter betrachtet und mit einem germ. **Suppa* in Verbindung gebracht.[10]

Das BW des Kompositums *Marsoupe* wird von Wolfgang HAUBRICHS (653f.) und Paul LEBEL (258) germ. **marja* 'See, Weiher, Sumpf' zugeordnet.[11] Eine andere Segmentierung des Kompositums, *Mars-upia* (zu einem idg. Bildungselement **mars-*

[10] 1. Le trait le plus original du consonantisme celtique est la disparition du *p* indo-européen. 2. Le *k* vélaire [*qu̯*] est devenu *p*, et le *g* vélaire [*gu̯*] est dans certaines conditions devenu *b* en gaulois, en gaélique et en brittonique. 3. Le group *pt*, conservé en gaulois, est devenu *cht* en gaélique, puis le *ch* s'est vocalisé en brittonique. 4. Le group *ct* était devenu *cht [xt]* déjà en gaulois (DOTTIN 98f.). Vgl. auch PEDERSEN 90, 93, 127.

[11] Die Herleitung wird durch ein analoges Wort, *Marbott*, gestützt (HAUBRICHS 654).

und dem vorrom. GewN *-*upja*), wird u. a. von Hans KRAHE (1960, 49) und Jürgen UDOLPH (1981, 42f.) vertreten.

Akzeptiert man diese Herleitungen, stellt sich die Frage nach dem Zeitpunkt der Entlehnung der Namen im gallischen Raum: Ist es eine frühe Entlehnung noch in keltischer Zeit, oder ist es merowingischer Import? Zwei Termini post quem wären für deren Entlehnung ins Keltische von Belang. Zum einen müsste die Entlehnung nach der ersten oder germanischen Lautverschiebung *b, d, g > p, t, k,* zum anderen nach dem Lautwandel idg. q^{u} > kelt *p* stattgefunden haben. Als Terminus ante quem gilt der erste schriftliche Beleg aus der Merowingerzeit um a. 650. Die Frage kann nicht eindeutig beantwortet werden. Wenn es späte Entlehnungen sind, kann man sie schon aus chronologischen Gründen mit *Sopianae* nicht in Verbindung bringen. Vor allem aber ist es schon aufgrund der unter 2.1.2.1. dargelegten Bildungsart äußerst unwahrscheinlich, dass sich im Wortstamm von *Sopianae* das Appellativ *Supp(en)* 'Sumpf, Morast' verbirgt.

2.1.2.4.3. *Sopp(en)* in der verengten Bedeutung 'Hanfröze'

Nicht zu übersehen sind die spezifischen Bedeutungsangaben für 'Hanfröze' für die frz. *Soupe*-Formen (Ort St. Mihiel u. a.). Auffallend ist und nach einer Erklärung verlangt, dass das Wort, dem germanische Herkunft bescheinigt wird, in einem relativ kleinen Gebiet (Graubünden) in hoher Belegdichte in elf rätoromanischen, jedoch nur in einem schweizerdeutschen Ort in der Bedeutung 'Hanfröze' vorkommt. Vgl. dazu 2.1.2.3. Von den südwestdeutschen Belegen könnten einige Namen wie *Soppede, Brandsoppen, Dürrsoppen* mit der Hanf- oder Flachsverarbeitung zusammenhängen. Es wären entweder Wasserbecken, in denen die geernteten und gebündelten Hanfstiele in Wasser gelegt wurden, damit die äußere Haut abfault bzw. Dörrstellen für die Verarbeitung des Flachses über Feuer, oder für Hanf, der nach dem Rözen im Wasser auf dem Gelände „gedürrt" wurde. Den Namen wäre demzufolge ein zusätzliches Bedeutungsmerkmal: 'Bach oder Gelände als Röst- bzw. Rözstelle, Röstplatz' zuzuordnen.

Die plausibelste Erklärung wäre, dass das Wort ursprünglich 'Sumpf, Morast' bedeutete, d. h., bezüglich Herkunft zu 2.1.2.4.2. gehört, und dort, wo man Hanf anbaute und verarbeitete, eine verengte Bedeutung erfuhr. Dieser Annahme scheint jedoch die Angabe von Paul LEBEL, wonach *Marsupia* (vgl. 2.1.2.3.) die ursprüngliche Bedeutung 'Hanfröze' hatte und erst später auf den Fluss, der die Rözen durchfloss, übertragen wurde, zu widersprechen.

Noch eine merkwürdige Parallele soll hier nicht unerwähnt bleiben: *Sopotes* im frz. FlN *Fontaines-des-Sopotes* und das von BUCK genannte *Soppede* zeigen in der Endung auffallende lautliche Ähnlichkeit mit dem im slawischen Raum als GewN, FlN und ON häufig vorkommenden asl. *sopotъ* 'Quelle, Sumpf, Wasserfall, Rohrleitung' (vgl. russ. *sopetъ* 'keuchen'). Das Wort kommt heute, auch weitergebildet, als *sopotъ, sopot(e), sopotьcь, sopoty, sopotnyk, sopač, sop, sopje,* Dim. *sopotnica, sopotnice, sopnica* vor, als Appellativ nur im Serbischen und Slowenischen, als Eigenname in allen slawischen Sprachen (außer im Russischen, Weißrussischen und Ukrainischen).[12] Zufall oder sachgeschichtlicher Zusammenhang? Paul LEBEL (227) interpretiert das frz. Suffix *-otes* [-ot] als Diminutiv. Vgl. 2.1.2.3. sowie Auguste VINCENT (49). Es ist auch nicht zwingend, das alemannische Suffix *-ede* als das übliche mundartliche Kollektivsuffix 'Gesamtheit von etwas' zu deuten und man sollte vielleicht an eine andere Interpretation denken. Vgl. auch frz. *-et,* Dim. (VINCENT 47).

Eine äußerst spekulative Alternative zu der oben dargelegten Bedeutungsentwicklung: Hatten **Sopp(en)* oder **Soppot(es)* in frühen Zeiten im idg. Sprachraum eine weite Verbreitung als Wanderwort, als Terminus technicus der Hanfverarbeitung, ähnlich wie die Bezeichnung für 'Hanf', und besteht ein Zusammenhang mit der hier aufgezeigten Parallele? War die Bedeutung vielleicht verengt in Bezug auf Größe, Tiefe und Beschaffenheit der Wassergrube? Könnte das Verb *zoppen* neben der allgemeinen Bedeutung 'eintauchen' eine spezifische Bedeutung gehabt haben, nämlich 'Hanf zum Rözen in den *Sopp(en)* senken'?

Die Hanfnutzung ist in China schon seit dem Neolithikum nachgewiesen. Nach HERODOT kam der Hanf sowohl als Pflanze für die Tuch- und Seilherstellung wie auch als Droge durch die Skythen (die sie von den Chinesen übernommen haben) aus dem Osten nach Europa und wurde an die westlichen Nachbarvölker, an die Slawen, Kelten und Germanen und wahrscheinlich auch an die Illyrer und Pannonier weitergegeben. Die Römer bezogen die Fasern zur Herstellung von Seilen und Tauen im 3. Jahrhundert v. Chr. aus Gallien. Der Hanf ist den Italikern wohl noch später bekannt geworden als der Flachs; wenigstens sieht *cannabis* ganz aus wie ein spätes Lehnwort.[13] Schriftlich erwähnt wird der Hanf im römischen Reich 100 v. Chr. von dem römischen Schriftsteller LUCILIUS, der als erster die Bedeutung der Faserpflanze beschreibt. Später bauten die Römer den Hanf selber an, was die landwirtschaftlichen Bücher von Moderatus COLUMELLA im ersten Jahrhundert n. Chr. belegen. Er gibt in seinen Büchern nicht nur praktische Tips zum Anbau, sondern beschäftigt sich erstmals auch mit den wirtschaftlichen Regeln. Im gleichen Jahrhundert schreibt auch PLINIUS der Ältere in seiner Naturkunde über die Zubereitung und die verschiedenen Qualitäten von Hanffasern, dabei zitiert er auch aus den Schriften des DEMOKRIT, in denen einige Mittel und Wirkungen von Cannabis aufgeführt sind.[14]

Auch die Bezeichnung für die Pflanze 'Hanf', griech. *kánnabis* f., ist nach HERODOT skythischer Herkunft.[15] Die Skythen sprachen wahrscheinlich eine idg., genauer eine altiranische Sprache. Germ. **hanapa* m. > *Hanf,* lat. *cannabis,* altslaw. *konoplje,* lit. *kanãpė,* lett. *kanepes* sind gleichen Ursprungs.[16] Genauso gut können auch die Illyrer bzw. die Pannonier mit der Hanfverarbeitung dieses Wort übernommen haben. Es ist eine sehr frühe Entlehnung im Germ., denn es hat die erste Lautverschiebung mit-

---

[12] Vgl. ŠMILAUER 167. – UDOLPH 1979, 449–453; 1997, 98f., Karte 5. – MIKLOSICH 198, 318.
[13] MOMMSEN, Theodor: Römische Geschichte. Breslau 1856.
[14] KÖRBER-GROHNE 387ff.; HOFMANN, A., SCHULTES, R. E.: Pflanzen der Götter. Löhrbach 1995, 96.
[15] KLUGE[22] 292.
[16] Vgl. DWb. 10: 431f.

gemacht, die nach Jacob GRIMM um 500 v. Chr., (nach neueren Forschungen später) abgeschlossen war.

Es ist gut vorstellbar, dass mit der Sache auch die Bez. für 'Röze', das gleiche idg. Wort, das wir von **seup-, *seub-* ableiten, aus dem Skythischen kommt. Ob es schon vor der Abwanderung der Kelten nach Pannonien ins Keltische (über das Germanische, Protoslawische oder eine andere östliche Nachbarsprache) gedrungen ist, könnte nicht ausgeschlossen werden. Nach der Ansiedlung der Kelten gab es ein langes Nebeneinander der Pannonier und Kelten, das auch das Weiterleben der pannonischen Sprache voraussetzt. Wenn es die Kelten bei ihrer Ansiedlung in Pannonien nicht gekannt haben sollten, könnten sie es von den Pannoniern, zumindest auf lokaler Ebene, entlehnt haben. Die Gewässer der Pécser Senke boten für die Hanf- und Flachsverarbeitung ausgezeichnete Voraussetzungen.[17] Es wäre auch zu klären, ob es in vorrömischer und römischer Zeit um Pécs Spuren der Hanfverarbeitung gab.

Es wäre äußerst gewagt, mit diesen Spekulationen eine Verbindung zum ON *Sopianae* zu konstruieren. Ich möchte ausdrücklich betonen, dass es mir hier lediglich um das Aufzeigen einer weiteren Fährte zur Deutung dieses in seinen weiten sprachhistorischen Zusammenhängen noch klärungsbedürftigen interessanten Wortes geht.

2.1.2.4.4. *Sopp(en)* 'Nardus stricta (Borstengras)' u. ä. Pflanzen

Die Form *Soppen* m. in der Bed. 'Borstengras' findet sich im südwestdeutschen und schweizerischen, d. h. im alemannischen Raum und in den Bed. 'Büschel, Pinsel, Wisch, Borste' für *Sopp* im Nordgermanischen, an den beiden Polen der Germania (siehe 2.1.2.3.). Für diese Bedeutungsgruppe nehmen wir folgende Etymologie an: idg. **su̯ep-, *sub-, *su̯eb-* (POKORNY 1049), die germ. **svab-* (idg. **su̯eb-*) > *Soppen, Sopp,* ferner norw. *sopp* 'Besen', isl. *sópa* 'fegen', ags. *geswōpe* f. 'Abfall, Kehricht'; nhd. *schwappe(l)n* ergaben. Zu germ. **svap-* (idg. **su̯ep-*) gehört aisl. *sōfl* 'Kehrbesen'. Auf andere im Schweizerischen Idiotikon angegebenen Bedeutungen wurde oben hingewiesen. Es wäre denkbar, in die von Friedrich MAURER (108) und neuerlich von Jürgen UDOLPH (2004) nachgewiesenen sprachlichen und volkskundlichen Gemeinsamkeiten der Erminonen (Sueben) zu den Ost- und Nordgermanen in germanischer Zeit auch dieses Wort einzureihen.

Es gibt überhaupt keinen Anhaltspunkt für die Existenz des Wortes dieser Bedeutung weder im Lateinischen oder Keltischen noch im Pannonischen.

---

[17] Einen Sumpf, ja sogar einen „mächtigen See" soll es in früheren Zeiten auch in Pécs in der ost-westlichen Senke am Fuße des Mecsek-Gebirges gegeben haben und der Abhang, auf dem die Kelten ihre Hütten bauten, war durch das von den vielen Quellen herabsickernde Wasser sumpfig. Vgl. MÁDY 49. Natürlich ist diese Angabe, die der Bedeutungsmotivation ein gebührendes Gewicht verleihen soll, gewaltig übertrieben.

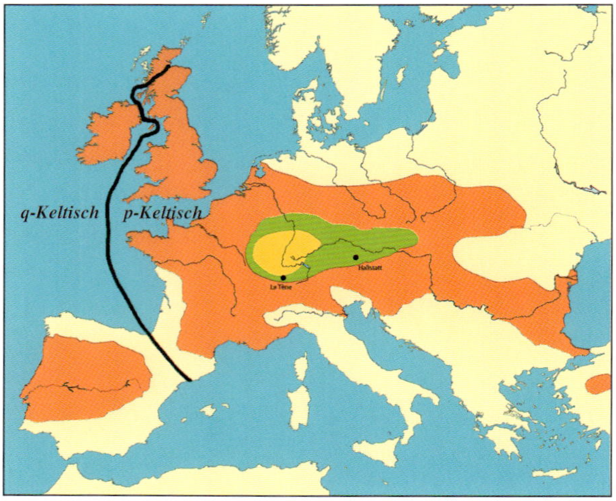

Abb. 1: Mutmaßliches Ursprungsgebiet der Kelten und Verbreitung keltischer Kultur und Sprache in Europa und Kleinasien von 800 bis 400 v. Chr.

Kernbereich nordwestalpine Hallstatt-Kultur (ca. 750–500/450 v. Chr.)

Ausbreitung der La-Tène-Kultur

Ausbreitung der keltischen Sprache (3. Jahrhundert v. Chr.)

Verbreitungsgrenze *q-/p-*Keltisch

Grafik: Udo Gerth, Köln

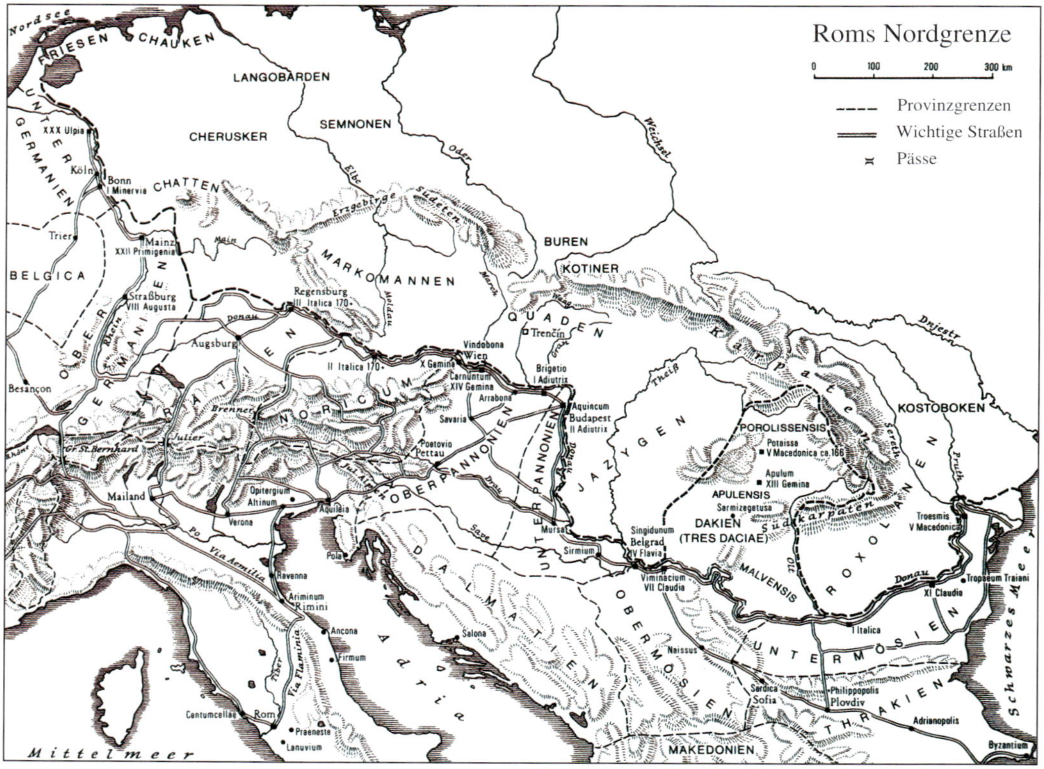

Abb. 2: Die Nordgrenze des Römischen Reichs im 2. Jahrhundert n. Chr., zur Zeit seiner größten Ausdehnung (CHRIST 337).

2.2. Quinque Basilicae

2.2.1. Hist. Beleg

um a. 870: *et foris civitatem in Dudleipin, in Usitin, ad Businiza, ad Bettobiam, ad Stepiliperc, ad Lindolveschirichun, ad Keisi, ad Wiedhereschirichun, ad Isangrimes-chirichun, ad Beatuseschirichun, ad Quinque Basilicas temporibus Liuprammi ecclesię dedicatę sunt* (Conversio [c. 11.][18]).

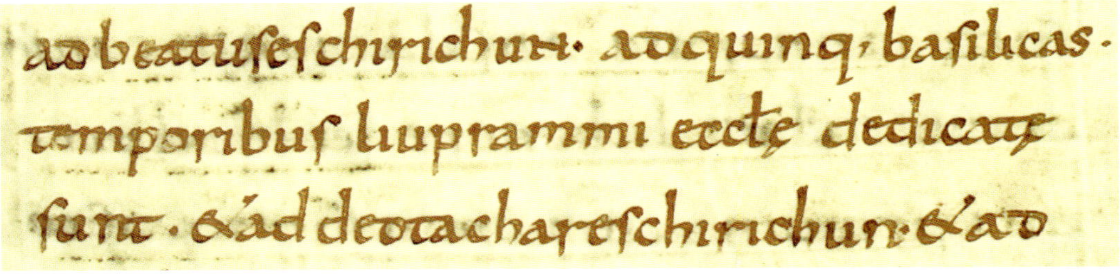
ad beatuseschirichun· ad quinq· basilicas·
temporibus liuprammi eccle dedicatȩ
sunt· & ad deotachareschirichun· & ad

Abb. 3: Ausschnitt aus einer Abschrift der Conversio aus dem 12. Jahrhundert. (Österreichische Nationalbibliothek Cod. 596, fol.12v.).

2.2.2. Zur Deutung des ON

2.2.2.1. Frühere Forschungsergebnisse

Die Abhandlungen über diesen nur ein einziges Mal belegten ON wurden von Antal KLEMM (3ff.) bis 1935 zusammengefasst. Davon möchte ich die wichtigsten herausgreifen.

Ferencz SALAMON (1882, 90) hält es für unwahrscheinlich, dass der Name *Quinque Basilicae* der Conversio ein Ortsname sei und mit dem heutigen Pécs etwas zu tun habe. Nach ihm wäre *ad* keine Präposition sondern ein Adverb und würde 'in etwa' bedeuten. Die obige Wiedergabe des Namens im erweiterten Kontext dürfte die Unstimmigkeit seiner Behauptung bestätigen. Die Präp. *ad* 'zu' zur Angabe der Lage einzelner Güter war eine von Salzburg bevorzugte Verwendung in den Traditionen des 9. und 10. Jahrhunderts (Vgl. ERBEN 61), wogegen die Präp. *in* vorzugsweise auf ein Gebiet verwies.

Weil Ferencz SALAMON Basilika als Gotteshaus im heutigen Sinne deutete, war für ihn unbegreiflich, dass der Ort in einer Region, wo man die „zarten Pflänzchen des Christentums" auszusetzen begann, fünf ganz große Gotteshäuser schon gehabt hätte und

---

[18] Die Conversio Bagoariorum et Carantanorum (kurz Conversio, auch CBC genannt) entstand um 870 in Salzburg, sie wurde vielleicht vom Erzbischof Adalwin selbst verfasst mit dem Ziel, Ludwig den Deutschen über die erfolgreiche Missionstätigkeit des Salzburger Erzbistums in Bayern, Karantanien und Pannonien sowie über die damit zusammenhängenden Konflikte wegen der Förderungsabsichten der Missionstätigkeit Kyrills und Methods durch die Päpste Nikolaus I. und Hadrian II. im mährisch-pannonischen Raum zu unterrichten. – Arnolfinum ist die Bezeichnung für die vom Erzbistum Salzburg um 970–977 angefertigte, gefälschte und auf das Jahr 885 datierte Schenkungsurkunde König Arnolfs. Vgl. 2.3.1., 2.3.2.2.1.

nachdem dies nicht genug war, ein sechstes hinzukam. Dieser irrtümlichen Interpretation schlossen sich der Abt Lajos BALICS (239) und der Linguist Pál HUNFALVY (186f.) an.

Eine abwegige Deutung bringt der Historiker Samu BOROVSZKY (89), wonach ein ahd. **Wîhen-kirika, *Winkirche* 'heilige Kirche' (Die Formen sind wahrscheinlich von ihm erfundene Konstrukte.) volksetymologisch zu *Fünfkirchen* umgedeutet wurde, das als Vorlage für die lateinische Übersetzung diente.

József STESSEL (1902, 832) sieht in *Quinque Basilicae* der Conversio die Übersetzung des deutschen *Fünfkirchen.* Der deutsche Name soll unmittelbar nach dem Awarenfeldzug Karls des Großen entstanden sein, weil hier fünf Kirchen vorgefunden wurden. Die Erklärung, warum der Verfasser der Conversio den Namen *Fünfkirchen* nicht verwendet, obwohl er fast alle ON althochdeutsch wiedergab, blieb József STESSEL schuldig. Anzumerken sei, dass der Name *Fünfkirchen* zum ersten Mal a. 1298 als Lehnübersetzung des lat. *Quinque Ecclesiae* erscheint (siehe 2.4.7.1.).

2.2.2.2. Heutiger Forschungsstand

Nach Gábor VÉKONY (1986) beziehen sich *Quinque Basilicae* und deren Nachfolgevariante, *Quinque Ecclesiae* des Arnolfinums,[18] auf ein und denselben Ort, der jedoch mit der heutigen Stadt *Pécs* nichts zu tun haben soll. Er sucht den Ort in einem Gebiet, wo es im 9. Jahrhundert noch romanische Bevölkerungsreste gab, irgendwo im heutigen Komitat Zala oder davon südlich oder westlich, in der Gegend der Mur. Endre TÓTH (1991) schließt sich dieser Argumentation an. Er siedelt *Quinque Basilicae* jedoch südlich der Sawe an. Für ihn ist *Quinque Ecclesiae* eine von *Quinque Basilicae* unabhängige Benennung.

Die Lokalisierung der in der Conversio und in den kaiserlichen Privilegien aufgelisteten ON aufgrund bestimmter Ordnungsprinzipien haben eine längere Tradition. Unter Heranziehung akribischer topographischer, politischer und philologischer Argumente konnte man eine Reihe der salzburgischen Besitzorte einer engeren Region zuweisen oder gar mit heutigen Orten verknüpfen. Für die Ortung weiterer ON gibt es jedoch konträre Auffassungen.

In der Aufzählung der ON im D LD 102 will man ON-Gruppierungen nach bestimmten Regionen und Wegstrecken erkannt haben. Die ON dieses Privilegs wurden im gut hundert Jahre später entstandenen Arnolfinum zunächst in der gleichen Reihenfolge übernommen, dann wurden sie jedoch durch Einschübe neuer (im D LD 102 nicht genannter) Besitzansprüche Salzburgs unterbrochen. Diese Ansprüche begründen sich auf seine bestehenden oder ehemaligen kirchlichen Hoheitsrechte in der Karantanischen Mark und in Pannonien. Es handelt sich um erlesene Güter, die Salzburg im 9. Jahrhundert entweder schon besaß, oder durch die günstige politische Konstellation zur Vermehrung seines Besitzes erlangen wollte (vgl. Heinrich KOLLER, 1960, 93f.; ferner: 2.3.2.2.).

Der erste Einschub betrifft *Mosapurch* zwischen den aus dem D LD 102 übernommenen Namen *Peininchaha* und *Salapiugin*, *Quartinahu*, *Gensi*. Danach folgt eine weitere Auflistung neuer Namen, angeführt von *V Aecclesias, Ruginesfeld, Durnauua, Parauuoz, Pettovia* und noch sieben weiterer Namen. Mit *Sabnizam* wird die Reihenfolge der Namen aus dem D LD 102 fortgesetzt. Zwei in diesem Privileg nach *Gensi* vorkommenden Orte, *ecclesiam ad Ternperch* und *ecclesiam Gundoldi* fehlen, weil die Orte zur Zeit der Ausfertigung des Arnolfinums nach Gábor VÉKONY angeblich nicht mehr existierten. Vermutlich ist ihr Fehlen jedoch auf ein Versehen bei der Anfertigung der Urkunde zurück zu führen, denn sie erscheinen wieder im Privileg D O.III. 1 und in späteren Urkunden vor *V Aecclesias*.

Die Reihenfolge der neuen Namen im Arnolfinum soll nach Gábor VÉKONY einer bestimmten Wegbegehung entsprechen und weil die an *V Aecclesias* anschließenden Namen (nach ihm) in die Gegend der Mur gehören, ist auch *V Aecclesias* und folglich auch das diesem gleichgesetzte *Quinque Basilicas* hier anzusiedeln.

Die Auflistung der pannonischen Namen beginnt mit *Savaria* und der Raab-Gegend in Richtung Plattensee mit *Mosapurch* und weiteren Besitzungen und endet nach *Gensi* (vielleicht das heutige *Balatonkenese*) mit dem am östlichen Rand Pannoniens gelegenen *V Aecclesias*. Damit ist die Einordnung dieses umstrittenen Namens in die pannonische Gruppe bestätigt. Die danach folgenden Namen lassen überhaupt keine topographische Systematik erkennen. *Ruginesfeld* lag am Gnasbach in der Südoststeiermark. *Durnauua* ist entgegen früherer Lokalisierungsversuche nicht zwischen Drau und Mur, östlich von *Pettovia* zu suchen, sondern nach György GYÖRFFY (1959, 12f.) wahrscheinlich mit *Somlóvásárhely,* westlich von *Veszprém,* dem römischen Verkehrsknotenpunkt *Moge(n)tiana* identisch (GRAF 155, ANREITER 196f.; vgl. Abb. 7).[19] Ein unversehrt gebliebenes kirchliches Gebäude aus vorungarischer Zeit am Bache *Tornava* (heute *Torna*) war später ein Kloster der Benediktinerinnen. Der Berg *Parauuoz* ist mit der Gebirgskuppe *Somló* gleichzusetzen. Die Besitzbeschreibung im Arnolfinum *(cum vineis … circa montem sitis)* passt auf diesen einsam stehenden Berg wie zugeschnitten. *Pettovia (Pettau, Ptuj)* an der Drau lag im 10. Jahrhundert noch im ungarischen Gebiet.

Die Aufzählung der Namen nach *V Aecclesias* verrät, dass Salzburg zur Zeit der Abfassung des Arnolfinums frühere, möglicherweise auch aktuelle Informationen, jedoch keine exakten kartographischen Angaben über die Lage und Entfernung der beanspruchten Orte zueinander hatte. Das Gebiet war seit über sieben Jahrzehnten in ungarischer Hand und für Salzburg nicht zugänglich. Alles in allem sei festzuhalten, dass die Position von *Quinque Aecclesiae* in der Auflistung die Identität dieses ON mit dem heutigen *Pécs* keinesfalls in Frage stellt, sondern bekräftigt.

Ein weiteres Argument von Gábor VÉKONY (58) soll die oben dargelegten Behauptungen untermauern: Nachdem alle Ortsbenennungen in der Conversio größtenteils althochdeutsch oder slawisch sind und *Quinque Basilicae* eine Ausnahme bildet, kann es sich nur um einen Ort mit damals noch existierender romanischer Bevölkerung handeln, die es in Pécs nicht mehr gegeben haben soll. Er akzeptiert jedoch, dass der

---

[19] a. 1075/1124/1217: abbatisse de *Tornowa* (Mon.Eccl.Strig. 1: 55; zit. GYÖRFFY 1959, 12); a. 1270: *Appachasomlya* (CSÁNKI 3: 215); a. 1367: *Apachavasarhel,* civitas *Wasarushel* (ebd.). Das BW zu ung. *apáca* 'Nonne'.

Name *Quinque Basilicae* selbst in das 4. Jahrhundert zurückreichen muss und verweist auf den Bedeutungswandel des Wortes Basilika.

Dass geographische Namen das namengebende Volk und dessen Sprache sowie weitere ethnische Umschichtungen überleben, dafür gibt es Hunderte von Beispielen. Da im anschließenden Karantanien und Noricum eine beachtliche keltisch-römische Ortsnamenkontinuität nachweisbar ist, ist es unvorstellbar, dass ein noch im Arnolfinum und in den kaiserlichen Diplomen der folgenden Jahrhunderte ausgewiesener Ort mit seiner Mitte des 9. Jahrhunderts geweihten Kirche und mit weiteren Bauten spurlos hätte verschwinden können. Es konnte kein kleines verträumtes Nest gewesen sein, denn für die Karolingerzeit ist kennzeichnend, dass in der lateinischen Verwaltungs- und Kirchensprache die lateinischen Namen größerer, bedeutender Städte der Römerzeit beibehalten wurden. Neben Savaria, Pettovia, Celeia, Aquileia u. a. erscheint auch Quinque Basilicae als Erbe der frühchristlichen Antike. Es ist nicht bekannt, dass Salzburg zur Zeit Liuprams und Adalwins außerhalb seines seinerzeitigen kirchlichen Hoheitsgebietes tätig gewesen wäre. *Quinque Basilicae* jenseits von Donau und Drau, südlich der Sawe zu vermuten, ist daher völlig unvorstellbar.

Gegen die Anknüpfung des Namens an Pécs spricht nach Gábor VÉKONY und Endre TÓTH, dass es aus dem gesamten 9. Jahrhundert weder für Pécs noch für seine Umgebung, abgesehen von einigen bedeutungslosen Funden, keine archäologischen Zeugnisse gibt, was bedeutet, dass die gesamte Region kaum bewohnt war.[20]

Die Auskunft von Olivér GÁBOR (Janus Pannonius Múzeum, Pécs) lässt diesbezüglich ein anderes Bild erkennen: „Abgesehen von einigen geringeren Funden möchte ich drei der wichtigsten Dinge aufzählen: In Pécs-Kertváros gibt es einen awarisch-slawischen Friedhof, der leider noch nicht publiziert wurde. Im Gebiet des frühchristlichen Friedhofs ist aus dem Zeitraum seit der Völkerwanderung das 9. Jahrhundert am ehesten nachweisbar. Für das von Ferenc FÜLEP im Mausoleum gefundene Breitbeil gibt es Analogien aus dem 9. Jahrhundert (GÁBOR 32–46). Als Drittes ist der Ortsname Quinque Basilicae aus der Conversio zu nennen. Die von Erzsébet NAGY (JPMÉ 1989, 93–128) publizierten Gräberfunde weisen eindeutig ins 9. Jahrhundert. PARÁDI Nándor legte Scherben sowie Backglocken vom Tettye aus dem 9.–10. Jahrhundert vor.“[21]

Die fünf christlichen Kultstätten: *Cella trichora, Cella septichora, Mausoleum, Grabkammer Nr. 5 (Baptisterium)* und die *Basilica* sprechen eindeutig für Pécs.[22] Dazu vgl. 2.3.8.1. Dagegen fehlt bislang der archäologische Nachweis für ein *Quinque Basilicae* in Westungarn bzw. in der Gegend der Mur. Zu *Quinque Basilicae* vgl. auch 2.4.4.

---

[20] „Hiányzik Pécsett a IX. századi Quinque ecclesiae-vel való azonosításhoz a régészeti anyag is.“ (VÉKONY 60).

[21] „Három legfőbb dolgot sorolnék fel az apróbb leleteken túl. Pécs-Kertvárosban van egy avar-szláv temető, ami még sajnos közöletlen. Az ókeresztény temető területén érdekes módon a népvándorlás időszakából éppen a 9. század mutatható ki leginkább. A FÜLEP Ferenc által talált szekerce a Mauzóleumból például mindenképpen 9. századi analógiákkal bír (GÁBOR 32–46). A harmadik pedig a Quinque Basilicae helynév a Conversióból. A NAGY Erzsébet (JPMÉ 1989, 93–128.) által közölt temetők egyértelműen 9. századi leletet eredményezetek. Kisebb leletekként PARÁDI Nándor a Tettyéről hoz 9–10. századi cserepeket, előfordulnak 9–10. századi sütőharangok is.” (Schriftl. Mitteilung von Olivér GÁBOR vom 9. Juli 2007.)

[22] Vgl. dazu die Studie von Zsolt VISY 2003, 117–123, bes. 122f.

2.2.3. Quinque Basilicae < *Ad quinque (Sanctorum oder Martyrum) Basilicam?

Dezső SIMONYI (1959) sieht in *Quinque Basilicae* eine elliptische Konstruktion, entstanden aus **Ad quinque (Sanctorum* oder *Martyrum) Basilicam* bzw. *Ecclesiam*.[23] Nach dem Martyrologium Romanum sollen fünf Steinmetzen, die in den kaiserlichen Steinbrüchen von Pannonien in der Fruška Gora (Gebirge in Syrmien)[24] gearbeitet haben, wegen ihrer Weigerung, eine Statue des Asklepios und das Bild des Sonnengottes anzufertigen, in den dortigen Sümpfen ertränkt worden sein. Dezső SIMONYI (1959, 102f.) versuchte den Schauplatz in die Steinbrüche der Gegend von Geresd östlich von Pécs und die Bewahrung ihrer Reliquien in eine Basilika in Pécs zu verlegen.[25]

Der Name **Quinque Sanctorum* (oder *Martyrum*) *Basilica*, dessen Aufkommen in das 4. Jahrhundert zurückreichen soll, ist in der Forschung äußerst umstritten. Es gibt bei noch so ausgeklügelter Präsentation bislang keinen Beweis, den Tod der Steinmetzen mit der Umgebung oder ihre Beisetzung mit der Stadt Pécs in Verbindung zu bringen. Einzige vage Anhaltspunkte der Legende sind die Nennung Pannoniens als Schauplatz und die Verwendung des Gesteins Porphyr als Werkstoff. Wenn es in den Hügeln von Geresd, wie Dezső SIMONYI vermutet, tatsächlich schon in römischer Zeit einen Steinbruch mit Porphyrabbau gegeben hätte, müssten bei den Ausgrabungen in der Region längst Stücke (als Baumaterial für Villen, Festen, oder als Werkstoff für Statuen) aufgetaucht sein. Dafür gibt es überhaupt keinen Hinweis. Es gibt auch keine Angaben über die Beisetzung der fünf Märtyrer in Pécs.[26]

Auch Endre TÓTH (1991, 104), der ebenso wie Gábor VÉKONY die Zugehörigkeit von *Quinque Basilicae* zu Pécs abstreitet, vermutet den Schauplatz dieser Legende südlich der Sawe, wo es eine Kultkontinuität gab (vgl. 2.2.2.2.). Er macht jedoch angesichts der Schwachpunkte der vorstehenden Deutung auf eine andere Märtyrergruppe aufmerksam: auf einen Geistlichen Namens Asterius und seine vier Soldatengefährten, die unter Diokletian hingerichtet und als Märtyrer verehrt wurden. Ihre Friedhofsbasilika bei Salona (Kapljuc) wurde Anfang des 20. Jahrhunderts freigelegt. Nach der Zerstörung Salonas im 7. Jahrhundert wurden ihre Gebeine nach Rom überführt, sie ruhen in der Venantius-Kapelle.

Die Reduktion von geographischen Namen mit drei Lexemen durch Elision des mittleren Gliedes (Ellipse) auf zwei Lexeme ist keine namenkundliche Seltenheit. Im vorliegenden Falle hat die Elision des Possessors: **Quinque Sanctorum Basilica* oder **Quinque Martyrum Basilica* > *Quinque Basilicae* die Umgestaltung der Posses-

---

[23] SIMONYI 1960, 184; FÜLEP 1973, 322.

[24] FÜLEP 1973, 323.

[25] FÜLEP 1973, 322, führt eine Reihe von weiteren Beweisen an, die diese Annahme ausschließen.

[26] In der Region „Geresdi dombvidék“ [Geresder Hügellandschaft] gab es nur einen Steinbruch mit Porphyrabbau (rotem Granit), und zwar am ehemaligen Bahnhof der Ortschaft Erdősmecske, der bis zur Stilllegung der Eisenbahn Pécs-Bátaszék in Betrieb war. Erdősmecske befindet sich auf der Nordseite, Geresd auf der Südseite der Hügellandschaft. Von Gesteinsabbau in römischer Zeit ist nichts bekannt. Einen weiteren Steinbruch gab es in Mórágy, am östlichen Ende des Mecsek-Gebirges.

sivkonstruktion zu einer Attributivkonstruktion eine Numerusänderung zur Folge (aus eins mach' fünf). Es wäre zu prüfen, ob die Namenforschung ähnliche Beispiele kennt.

Auf die mit diesen Legenden zusammenhängende sehr umfangreiche Hagiographie möchte ich hier nicht näher eingehen und auf die Studie von Dezső SIMONYI sowie auf die unlängst erschienenen Publikationen von János MAKKAY (2007[1], 2007[2]) verweisen.

2.3. Quinque Ecclesiae

Im kirchlichen und weltlichen lateinischen Schrifttum – seit der Bistumsgründung a. 1009 und wahrscheinlich bereits zuvor – verwendeter Name des heutigen Pécs.

2.3.1. Urkundliche Belege

1) a. 970–977(?): *Ad V aecclesias cum theloneis ac vineis forestibus et cum omnibus, que ab antecessoribus nostris antea beneficiata fuissent, firmamus in proprium* (Arnolfinum, MGH, DA 184 (unecht), Seite 281; SalzbUrkb. 2: 56ff., Urk. Nr. 34).
2) a. 1009: *episcopatus, qui vocabitur Quinqueecc.* (Gründungsurkunde des Bistums Pécs, Abschrift; GYÖRFFY 1966, 356).
3) um a. 1036: Maurus [...] in ep-tum [...] *Q[inqueecclesiens]is* sublimavit (vgl. GYÖRFFY ebd.).
4) nach a. 1036: *Q[uinque]-[Ecclesi]as* ad [...] Maurum ep-m (GYÖRFFY ebd.)
Weitere Belege siehe GYÖRFFY 1966, 356ff.

2.3.2. Die karolingischen, ottonischen und salischen Besitzbestätigungen für das Erzbistum Salzburg

2.3.2.1. Machtpolitischer Hintergrund der pannonischen Besitzforderungen Salzburgs

Mit dem Erscheinen der Ungarn Ende des 9. Jahrhunderts verlor das Ostfränkische Reich Pannonien, und es dauerte ein halbes Jahrhundert, bis es zu einer machtpolitischen Wende kam. Diese wurde mit der Niederlage der Ungarn in der Schlacht auf dem Lechfeld, 955, eingeleitet. Nach anfänglichen Bekehrungsaktivitäten von Byzanz (vgl. 2.3.4.) folgte die Zuwendung Ungarns zum Westen sowie der Beginn der Christianisierung Ungarns vom Westen aus. Ein weiterer wichtiger machtpolitischer Aspekt ist die Erneuerung des karolingischen Reichsanspruchs durch die ostfränkischen Kaiser seit Otto I., 962 (Ideologie der Translatio Imperii, Renovatio Imperii Romanorum, Renovatio Regni Francorum), der die territoriale Ausdehnung des karolingischen Reiches Karls des Großen einschließt.

Nachdem Ungarn im Sommer 972 aufgrund einer Vereinbarung mit Kaiser Otto II. auf das Grenzödland von der Enns bis zur Traisen verzichtet hatte, sah der Bischof von Passau, Pilgrim, eine willkommene Gelegenheit, seinen Einflussbereich im Donauraum Richtung Osten zu erweitern. Er erwirkte noch im selben Jahr ein Privileg für die

Wachau, einen angeblichen Besitz Passaus in der Karolingerzeit. Mit gefälschten Urkunden meldete er seinen Anspruch auf die Abteien Sankt Pölten und Kremsmünster an, die er für seine guten Dienste vom Kaiser auch zugesprochen bekam. Ferner reklamierte er, ebenfalls mit gefälschten Urkunden, die Restituierung der Metropolitanwürde des angeblichen spätantiken Bistums Lorch an der Enns, um der „Erzbischof der heiligen Kirche in Lorch" zu werden. Ein dem ungarischen Grenzgebiet benachbartes Lorcher Erzbistum hätte gegenüber Salzburg den Prioritätanspruch für die Missionierung Ungarns und der benachbarten slawischen Völker. Damit stünde Pilgrim auch das Amt des neuen Erzbischofs von Ungarn zu.

Mit diesen Ambitionen geriet Pilgrim mit Erzbischof Friedrich von Salzburg in Konflikt. Dieser gab mit einer von ihm ebenfalls gefälschten auf den Namen Papst Benedikts VI. ausgestellten Urkunde (datiert in einem Zeitraum von Mai 973 bis Juni 974) seinem Neffen Pilgrim unter Androhung des Banns zu verstehen, dass der Anspruch Salzburgs, wie bisher, *in tota Norica provincia et in tota Pannonia* gelte.[27]

Friedrich hat um die gleiche Zeit eine weitere Urkunde fälschen lassen, um seinen Ansprüchen Rechtsgeltung zu verschaffen, nämlich die als Arnolfinum bekannte auf das Jahr 885 datierte Besitzbestätigung König Arnolfs, die nachstehend besprochen wird.[28]

2.3.2.2. Die einzelnen Diplome

2.3.2.2.1. DA 184 (Arnolfinum, auch Pseudoarnolfinum genannt)

Als Vorlage für die Anfertigung des Arnolfinums diente das Privileg Ludwigs des Deutschen von 860 an das Erzbistum Salzburg (MGH, D LD. 102). Die darin enthaltenen Besitzangaben wurden im Arnolfinum aufgelistet und um andere wesentlich erweitert. Vgl. 2.2.2.2. Es erscheinen erstmals alle Besitzungen in Pannonien, z. B. Mosaburg (das heutige Zalavár), Quinque Ecclesiae (das heutige Pécs) und weitere Orte. Es sind auch Güter verzeichnet, die erst im 10. Jahrhundert an Salzburg gingen, womit das Arnolfinum als Fälschung erkannt wurde und daher erst in der zweiten Hälfte des 10. Jahrhunderts, vermutlich zwischen 970 – 977, entstanden sein konnte.

Der Zeitpunkt der Ausfertigung des Arnolfinums ist umstritten. Die meisten Forscher verlegen dessen Entstehung in die Jahre um 970 – 977, Heinrich KOLLER und daran anknüpfend einige ungarische Wissenschaftler erst in die Mitte des 11. Jahrhunderts. Es bleibt daher, so gut es möglich ist, zu klären, welcher der beiden genannten Belege, 2.3.1.,1) oder 2), als Erstbeleg für *Quinque Ecclesiae* gilt.

Zu dieser Frage äußerte sich Herwig WOLFRAM wie folgt: „Was das Arnolf 184 sp. betrifft, so wird es inhaltlich bereits durch D O.II. 165 von 977 X 1 bestätigt; die

---

[27] [für die gesamte Provinz Noricum und für ganz Pannonien] – vgl. BRUNNER 93; GYÖRFFY 1991, 50; ROHR 13.

[28] Die mittelalterlichen Fälschungen oder „Verfälschungen" würden heute als „subjektive Wahrheit" oder „intentionale Geschichtsschreibung" beschrieben werden. Im Gegensatz zu den modernen Staaten der Neuzeit gab es im Mittelalter noch kein allgemein verbindliches Gesetzbuch. Es galt der Grundsatz, dass vor allem das Recht sei, was als Recht durchsetzbar war, d. h. oft wurden Zustände wider besseres Wissen durch Fälschungen in Kombination mit Macht geschaffen (ROHR 4).

Abb. 4: Das Diplom (A) des Arnolfinums (OeStA/HHStA UR AUR 18). Es befindet sich im Haus-, Hof- und Staatsarchiv in Wien. In den Schriftensammlungen, bes. im SalzbUrkb., wird die Urkunde ausführlich kommentiert. (Druck mit Genehmigung des OeStA/HHStA.)

Abb. 5: Ausschnitte des Textes zu *V aecclesias*

a) aus dem Arnolfinum (DA 184):

Ad V aecclesias cum theloneis ac vineis forestibus et cum omnibus, que ab antecessoribus nostris antea beneficiata fuissent, firmamus in proprium

b) aus dem D O.II. 165:

Ad V aeclesias cum theloneis vineis forestibus et cum omnibus que ab antecessoribus nostris beneficiata erant, firmamus in proprium

Wiederholung der Bestätigung D O.II. 275 von 982 V 18 bezieht sich sogar auf eine praeceptio Arnolfi. Damit sind 977/982 als terminus ante bestätigt. Herr KOLLER müßte daher mit seiner Datierung ins 11. Jahrhundert nicht weniger als zwei Originale widerlegen und überdies ein echtes Diplom Arnolf für Salzburg erfinden. Ich würde daher bei der bisherigen Datierung der Fälschung auf vor 977 bleiben, aber auch Herrn KÖLZER fragen.“[29]

Theo KÖLZER, einer der besten Kenner des diplomatischen Schrifttums des 10. Jahrhunderts, bewertet die Urkunde wie folgt: „... ohne mich mit allen Details Ihres ‚Falles‘ beschäftigen zu können, muß ich nach Einsichtnahme in das Foto, KEHRs Ansatz für das Arnolfinum (2. Hälfte 10. Jahrhundert) zustimmen. Mitte 11. Jahrhundert, wie Heinrich KOLLER schlußfolgert, halte ich paläographisch für unmöglich ...“[30] Dazu vgl. auch 2.3.2.2.2.

Im Kommentar zum Arnolfinum im Salzburger Urkundenbuch (2: 56ff.), in dem die paläographischen Eigentümlichkeiten ausführlich behandelt werden, kommt man zur gleichen Einschätzung: „Ihrem Charakter nach gehört die Schrift nicht der Zeit Arnolfs an, sondern ist, wenn auch karolingische Eigenheiten (die niedrigen *s* und *f*, die kurzen *r*, das oben offene *p*, die Aufsätze bei *c* [...]) nicht fehlen, der 2. Hälfte des 10. Jahrhunderts zuzuschreiben.“ Lediglich zwei Texteinschübe in der Urkunde (abseits der pannonischen Namen!) erfolgten erst im 11. Jahrhundert. Im Kommentar wird auch auf die Umstände der Fälschung Bezug genommen, und es werden Vermutungen über die in Betracht kommenden Fälscher angestellt.

Nach der Vorlage des Arnolfinums wurden die weiteren kaiserlichen bzw. königlichen Besitzbestätigungen angefertigt. Zur Frage der Lokalisierung von *V Aecclesias* im Zusammenhang mit der Reihenfolge der im Arnolfinum aufgelisteten Namen siehe den Abschnitt 2.2., Quinque Basilicae.

2.3.2.2.2. D O.II. 165

Diese erste Besitzbestätigung fand unter Vorlage des Arnolfinums am 1. Oktober 977 in Passau durch Kaiser Otto II. statt.

Die unvollständige Auflistung der Namen und Spuren einer möglichen Überarbeitung des Pergaments gaben Anlass zu Spekulationen. Es spricht Einiges dafür, dass die Urkunde kurz vor ihrer Präsentation, vielleicht erst in Passau diktiert wurde.[31]

Als man gegen das Ende des Pergaments ankam, war man genötigt, den arnolfinischen Text zu kürzen, und am Schluss konnte nur notdürftig für das Siegel Platz geschaffen werden (schlechtes Raummanagement).[32] Hier ist auch der Grund für die Rasur zu suchen. Auffallend ist, dass um die 23 im Arnolfinum genannten karantanische Besitzungen nicht eingetragen wurden. Obwohl das Ergebnis für Salzburg nur unbe-

[29] Briefliche Mitteilung von Prof. Dr. Herwig WOLFRAM, Wien, vom 21. Januar 2008.
[30] Briefliche Mitteilung von Prof. Dr. Theo KÖLZER, Bonn, vom 5. April 2008.
[31] Vgl. ERBEN 57ff.
[32] 14 dieser Namen sind bereits im D LD 102 verzeichnet.

friedigend sein konnte, wurde die Urkunde womöglich aus Zeitgründen nicht neu abgefasst, sondern zur Bestätigung vorgelegt.

Es deutet viel darauf hin, dass die Ausklammerung der karantanischen Besitzansprüche auf Anweisung erfolgte, weshalb machtpolitische Gründe nicht auszuschließen seien.[33] Im September, kurze Zeit vor der Ausfertigung der Besitzbestätigung wurden die in den Kämpfen unterlegenen Widersacher Ottos, Heinrich der Zänker und Heinrich von Kärnten, verbannt. Möglicherweise hatte der Kaiser schon zu dieser Zeit die Verleihung Kärntens an seinen Neffen, Otto von Worms, im Auge, zu der es Anfang 978 auch kam, und stellte die karantanische Besitzregelung zurück.

Diese für Salzburg unbefriedigende Regelung veranlasste Erzbischof Friedrich im Jahre 982 in Tarent von Otto II. eine neue Bestätigung (D O.II. 275) zu erbitten, in der die im D O.II. 165 fehlenden karantanischen Namen des Arnolfinums vollständig erschienen. Der Kaiser war in Bedrängnis, und der Erzbischof nutzte die Gunst der Umstände. Er kam mit einem stattlichen militärischen Aufgebot dem Kaiser zu Hilfe und erwirkte als Gegenleistung die Besitzbestätigung. Die karantanischen Güter befinden sich alle, und um einen Namen erweitert, auch im D O.III. 1.[34]

An der Echtheit und der zeitlichen Entstehung des D O.II. 165 gab es überwiegende Übereinstimmung, bis Heinrich KOLLER postulierte, dass der gesamte ursprüngliche Text der Urkunde nachträglich „abrasiert" worden sei, um einer anderen Version Platz zu schaffen.[35] Nur die Datierung und das Siegel sollen verschont geblieben sein.[36]

Nach Heinrich KOLLER soll die Urkunde erst Mitte des 11. Jahrhunderts von Salzburg zu dessen Gunsten umgestaltet worden sein, nämlich als Kaiser Heinrich III. in die ungarischen Thronstreitigkeiten eingriff und Ungarn kurzzeitig unter deutsche Oberherrschaft gelangte. Damals keimte in Salzburg die Hoffnung auf, den alten pannonischen Besitz und die kirchlichen Rechte in Pannonien doch noch zu erlangen. Da eine von Heinrich KOLLER angenommene Vorversion einer Urkunde Arnolfs, die angeblich 977 vorgelegt wurde, verschollen war, soll Salzburg eine erneute Fälschung auf den Namen Arnolfs mit einer erweiterten Auflistung des Besitzes, zum ersten Mal auch des pannonischen, angefertigt haben. Diese Fälschung wäre identisch mit dem oben besprochenen Arnolfinum, das nach KOLLER eine Zweitausfertigung (das „neue" Arnolfinum) wäre und nicht um 970–977, sondern erst um die Mitte des 11. Jahrhunderts entstanden sein sollte. Um die gleiche Zeit soll der Text der Urkunde Ottos II. von 977 abgeschabt worden sein, um dem Text des („neuen") Arnolfinums Platz zu schaffen. Die beiden Urkunden wären von Erzbischof Balduin a. 1051 in Augsburg Kaiser Heinrich III. vorgelegt worden, der sie ohne Bedenken bestätigt hätte.[37]

---

[33] Vgl. ERBEN 74.
[34] Vgl. ERBEN 73.
[35] KOLLER, Heinrich, 1970, 65–71.
[36] Die Datumszeile des D O.II.165 wurde vom selben Schreiber eingetragen, dessen Handschrift in zwei weiteren Urkunden des gleichen Zeitraumes erscheint. Vgl. ERBEN 47.
[37] KOLLER, Heinrich, 1970, 75.

Durch eine frühere Inaugenscheinnahme der Urkunde D O.II. 165 wurde festgestellt, „dass Dorsualnotizen unterschiedlichen Alters durchscheinen, obwohl das Pergament keineswegs als besonders dünn zu bezeichnen ist. Es wurden Teile des Kontexts und des Eschatokolls getilgt und auf kleinerem Raum neu geschrieben, um dem (heute verlorenen) Siegel Platz zu schaffen ... Eine komplette Rasur ist nicht anzunehmen. Die Datierung ist von anderer, bekannter Hand, wie das SICKEL ja betont hat."[38]

Eine Überprüfung der digitalen Kopie der Urkunde durch Theo KÖLZER hat ergeben, dass zumindest *ad V Aecclesias* oder irgendein anderer Name der unmittelbaren Umgebung nicht auf Rasur steht und es für die von Heinrich KOLLER postulierte breitflächige Rasur (im Stil etwa des Reichenauer Fälschers) keine Hinweise gibt. Die Datierung wurde sehr eng gedrängt am äußersten unteren Rand in der Kanzlei nachgetragen. Auch der rechteckig freigelassene Raum im Siegelbereich ist ungewöhnlich. Dieses schlechte Raummanagement und die bislang nicht identifizierbare Schreiberhand lassen auf eine kanzleifremde, wohl auf eine Empfängerausfertigung schließen, d. h., die Urkunde wurde wahrscheinlich von Salzburg selbst, vielleicht erst in Passau, angefertigt und zusammen mit dem Arnolfinum als „Beweis" der kaiserlichen Kanzlei vorgelegt. Nach Theo KÖLZER ist die Schrift ohne Zweifel zeitgenössisch, womit das bereits von Theodor SICKEL angenommene Verhältnis von Arnolfinum und D O.II.165 bestätigt wird.[39]

Die Originalurkunde, die unlängst vom Haus-, Hof- und Staatsarchiv Wien auf meine Bitte gründlich untersucht wurde, erbrachte folgendes Ergebnis:

„In Beantwortung Ihres Schreibens teilt die Direktion des Haus-, Hof- und Staatsarchivs mit, dass wir die Urkunde Ottos II. einer Untersuchung mittels Quarzlampe unterzogen haben. Dabei hat sich ergeben, dass ein kleiner Teil der Urkunde auf Rasur steht, allerdings nicht der gesamte Text auf Rasur geschrieben wurde. Beim Sie besonders interessierenden Textteil ‚ad V aecclesias' konnte keine Rasur festgestellt werden. Der Urkundentext ist auch hier zügig in einem Vorgang durchgeschrieben worden. Knapp unter ‚ad V aecclesias' befindet sich eine Rasur, wobei auch dieser Text wie alle anderen noch erkennbaren Textteile unserer Meinung nach vor dem Verfassen der Urkunde abgeschabt wurde."[40]

Obwohl mit dieser Überprüfung der Fragenkomplex endgültig zu den Akten gelegt werden kann, möchte ich im Nachhinein doch noch auf einige Unstimmigkeiten hinweisen, die von den Befürwortern der Theorie KOLLERs unverständlicherweise übersehen wurden:

1. Es ist nicht einleuchtend, warum Salzburg in den Jahren 977 – 984 eine Vorurkunde Arnolfs, nach Heinrich KOLLER das „erste", später verschollene Arnolfinum, zur Bestätigung in der kaiserlichen Kanzlei Otto II. vorgelegt haben sollte, in der die pannonischen Besitztümer gefehlt hätten, wo es doch auf *tota Pannonia* Anspruch erhob.

---

[38] Briefl. Mitteilung von Prof. Dr. Peter CSENDES an Prof. Dr. Theo KÖLZER vom 28. März 2008.

[39] Briefl. Mitteilung von Prof. Dr. Theo KÖLZER vom 28. Mai 2008.

[40] Briefl. Mitteilung des Archivdirektors des Haus-, Hof- und Staatsarchivs, Prof. Dr. Leopold AUER, vom 7. August 2008.

2. Seitens Salzburgs wäre es auch absurd gewesen, mit einer misslungenen, unvollständigen Urkunde, dem D O.II. 165, bei Heinrich III. vorstellig zu werden. Salzburg hätte dann auch das D O.II. 275, das nichts anderes als die Ergänzung zu D O.II. 165 ist, vorlegen müssen. Dazu wird nichts gesagt.

3. Das Hauptargument, das die von Heinrich KOLLER angenommene Fälschung des D O.II. 165 zusammen mit dem Arnolfinum um die Mitte des 11. Jahrhunderts allein schon als unhaltbar erscheinen lässt, ist, dass für die Ausfertigung der D H.III. 260 und D H.IV. 4 gar nicht das D O.II. 165 sondern das D O.III. 1 vorgelegt und bestätigt wurde. Diese Urkunde lässt Heinrich KOLLER außer Acht.

2.3.2.2.3. D O.II. 275

Salzburg erhielt im Jahr 982 am 18. Mai von Kaiser Otto II. in Tarent die Bestätigung seines vollständigen karantanischen (nicht des pannonischen) Besitzes. Diese Urkunde ist zweifellos echt. Dass für diese Urkunde eine frühere Bestätigung, nämlich das D O.II. 165, vorausgegangen ist, gibt es außer der Anführung der *pręceptio Arnolfi regis* noch folgenden Beleg: *sicut ab antiquis regibus videlicet vel imperatoribus et noviter a nobis traditę et confirmatę sunt*.[41] Zum politischen Hintergrund ihrer Entstehung siehe 2.3.2.2.2.

2.3.2.2.4. D O.III. 1

Eine weitere Bestätigung des jungen Königs Otto III. von 984 am 7. Oktober in Mainz mit der gesamten Auflistung der Besitztümer liegt als Kopie aus dem 13. Jahrhundert vor. Die im Text reflektierte historische Konstellation spricht für die Echtheit der Urkunde. Die Besitzbestätigung erfolgte zu dem Zeitpunkt, als Erzbischof Friedrich an der Spitze der bayrischen Bischöfe, die vorher Heinrich den Zänker unterstützt hatten, zu Theophanu, der Mutter des minderjährigen, vier Jahre alten Königs Otto III. und ihrem Kreis übertrat.[42] Der Vollständigkeit halber sei erwähnt, dass Otto von Worms den karantanischen Besitz ein Jahr später zu Gunsten des Königshofes Lautern und anderer rheinischer Besitztümer verlor. In der Urkunde erscheinen wieder die zwei Besitzorte, *ecclesiam ad Ternperch* und *ecclesiam Gundoldi* aus der Urkunde LD 102 von 860, die in den vorgenannten Urkunden fehlten. Dazu mehr unter 2.2.2.2. Auch der vollständige karantanische Besitz Salzburgs ist in der Urkunde verzeichnet.

2.3.2.2.5. D H.III. 260 und D H.IV. 4 sowie weitere Besitzbestätigungen

Nach einem Zeitraum von ca. 70 Jahren, als die geänderten machtpolitischen Verhältnisse Aussicht auf Wiedererlangung seines pannonischen Machtbereichs versprachen,

---

[41] [wie dies von den früheren Königen und Kaisern und neuerlich auch von uns tradiert und bekräftigt wurde]. Vgl. auch ERBEN 48.

[42] Vgl. ERBEN 45f.

ließ sich Salzburg seinen früheren Besitz erneut bestätigen. Die erste Bestätigung erfolgte durch Kaiser Heinrich III. 1051 in Augsburg, die nächste von Heinrich IV. 1057 in Neuburg. Zu beachten ist, wie unter 2.3.2.2.2. bereits dargelegt wurde, dass für beide Bestätigungen die Urkunde D O.III. 1 (und nicht das D O.II. 165) als Vorlage verwendet wurde.

Die Bemühungen Salzburgs rissen auch im darauf folgenden Jahrhundert nicht ab. Es erhielt eine Bestätigung von Kaiser Friedrich I. 1178 in Turin. Die letzte folgte durch König Philipp von Schwaben 1199 in Mainz.

2.3.2.3. Das Kloster Mosaburg im Arnolfinum

Endre TÓTH sieht Heinrich KOLLERs Theorie dadurch bestätigt, dass das Arnolfinum erst gegen die Mitte des 11. Jahrhunderts, jedenfalls erst nach 1019 entstanden sein konnte, weil darin *abbacia* und *monasterium* für Mosaburg/Zalavár beansprucht werden, obwohl hier erst 1019 von König Stephan I. eine Abtei gegründet wurde.[43] Dagegen gibt es eindeutige Hinweise, dass es in Mosaburg bereits in karolingischer Zeit klösterliches Leben gegeben hat. Béla Miklós SZŐKE: „Am westlichen Ende der von Ágnes CS. SÓS entdeckten, anschließend von mir freigelegten und im Jahr 2000 rekonstruierten Grundmauern der Sankt Hadrianskirche in Mosaburg stand ein Kloster, an beiden Seiten eines Innenhofes errichtete gestreckte rechteckige Gebäudeflügel mit einem an der westlichen Abschlussmauer sich anschließenden runden Glockenturm. [Vgl. die Abb. 6.] Die Conver-

Abb. 6: Die von Béla Miklós SZŐKE rekonstruierten Grundmauern der St. Hadrianskirche mit anschließendem Kloster in Zalavár/Mosaburg

[43] TÓTH in JPME 1991, 103f.

sio (c. 11.) erwähnt indirekt Mönche, wenn hier steht, dass Liupram außer für den Bau dieser Kirche gesandten Fachleuten auch für das Officium Ecclesiasticum gesorgt hat. In den in der Karolingerzeit sehr bevorzugten Umgangs- und Ringkryptakirchen sorgten auch anderweitig die Mönche für die Erledigung der Arbeiten um den in der Krypta ruhenden Heiligen oder Märtyrer. Zum Programm solcher Kirchen gehört pflichtgemäß das dienstleistende Kloster.[44] (Ein Zalavár [Mosaburg] nahestehendes und vielleicht zu befolgendes Vorbild war die Regensburger St. Emmeramskirche mit ihrem Kloster.)"[45]

2.3.2.4. Quinque Ecclesiae und andere antike Städte im Arnolfinum

Auffallend ist, dass in sämtlichen Besitzbestätigungen hauptsächlich für die lateinisch benannten ehemaligen römischen Städte und für Mosaburg erweiterte Besitzansprüche angemeldet, unter anderem auch Zollrechte *(cum theloneis,* etc.) gefordert werden. Damit wird offenkundig, dass der oder die Salzburger Verfasser des Arnolfinums (bei aller Ungeübtheit im Urkundenfälschen) über recht gute Geschichtskenntnisse verfügen mussten und ihnen die Existenz und Bedeutung von *Quinque Ecclesiae,* dem ehemaligen *Sopianae,* bekannt war. Man kannte wahrscheinlich die antiken Straßenkarten und wusste von *Sopianae* als bedeutendem Verkehrsknotenpunkt. Poetovio (Pettovia) war in römischer Zeit der Sitz der Zollverwaltung für die östlichen Reichsgebiete. Savaria, ein wichtiges Verkehrszentrum, durch das die Bernsteinstraße führte, ist ebenfalls als Zollstation erwähnt. Es gibt heute keinen Hinweis, dass Sopianae eine Zollstation war. Vorstellbar ist jedoch, dass man für eine Stadt, an der sich wichtige römische Fernstraßen kreuzten, Zollerhebungen voraussetzte. Vgl. dazu die Abb. 7.

2.3.2.5. Beginn der vom Westen ausgehenden Bekehrungstätigkeit in Ungarn

Aufgrund der Zerwürfnisse mit Byzanz entschied sich Großfürst Géza, Ungarn dem westlichen (katholischen) Christentum zuzuführen. Diese Absicht erreichte Otto II. 972 in Sankt Gallen. Er hat daraufhin den Sankt Gallener Mönch Bruno (alias Brun,

---

[44] „Postmodum vero roganti Priwinę misit Liuprammus archiepiscopus magistros de Salzpurc, murarios et pictores, fabros et lignarios. Qui infra civitatem Priwinę honorabilem ecclesiam construxerunt, quam ipse Liuprammus ędificari fecit officiumque ecclesiasticum ibidem colere peregit. [Später schickte der Erzbischof Liupram dem Priwina auf dessen Bitte Meister aus Salzburg, nämlich Maurer und Maler, Schmiede und Zimmerleute. Diese errichteten innerhalb der Burg des Priwina eine ehrwürdige Kirche, deren Erbauung Liupram selbst angeordnet und somit die weitere Durchführung der kirchlichen Dienste dort bewirkt hatte.]" (Conversio [c. 11.] in: LOŠEK 126/127).

[45] Briefl. Mitteilung von Dr. Béla Miklós SZŐKE vom 2. Jan. 2008 auf meine Anfrage, ob es in Mosaburg schon in der Karolingerzeit ein Kloster gegeben hat: „Kérdésére a válaszom igen, de nem leletek, hanem a Cs. Sós Ágnes által megtalált, majd általam teljesen feltárt és 2000-ben alapjaiban helyreállíttatott Hadrianus-templom romjai igazolják ezt. Ennek a nyugati végében állt a kolostor, ami egy zárt udvar két oldalán épített, nyújtott téglalap alakú épületszárny, a nyugati zárófalhoz csatlakozó kerek harangtoronnyal. A Conversio (c. 11.) is szól közvetve szerzetesekről, amikor azt írja, hogy Liupramm ennek a templomnak az építéséhez küldött szakemberek mellett gondoskodott az officium ecclesiasticum-ról is. A Karoling korban igen kedvelt Umgangs- és Ringkrypta-s templomoknál a kriptában nyugvó szent vagy mártír körüli teendők ellátásáról másutt is szerzetesek gondoskodtak, az ilyen templomok programjába szinte kötelezően beletartozik a kiszolgáló kolostor (egy Zalavárhoz közeli és talán általuk is követendőnek tartott példa erre a regensburgi Szt. Emmeram templom és kolostor)."

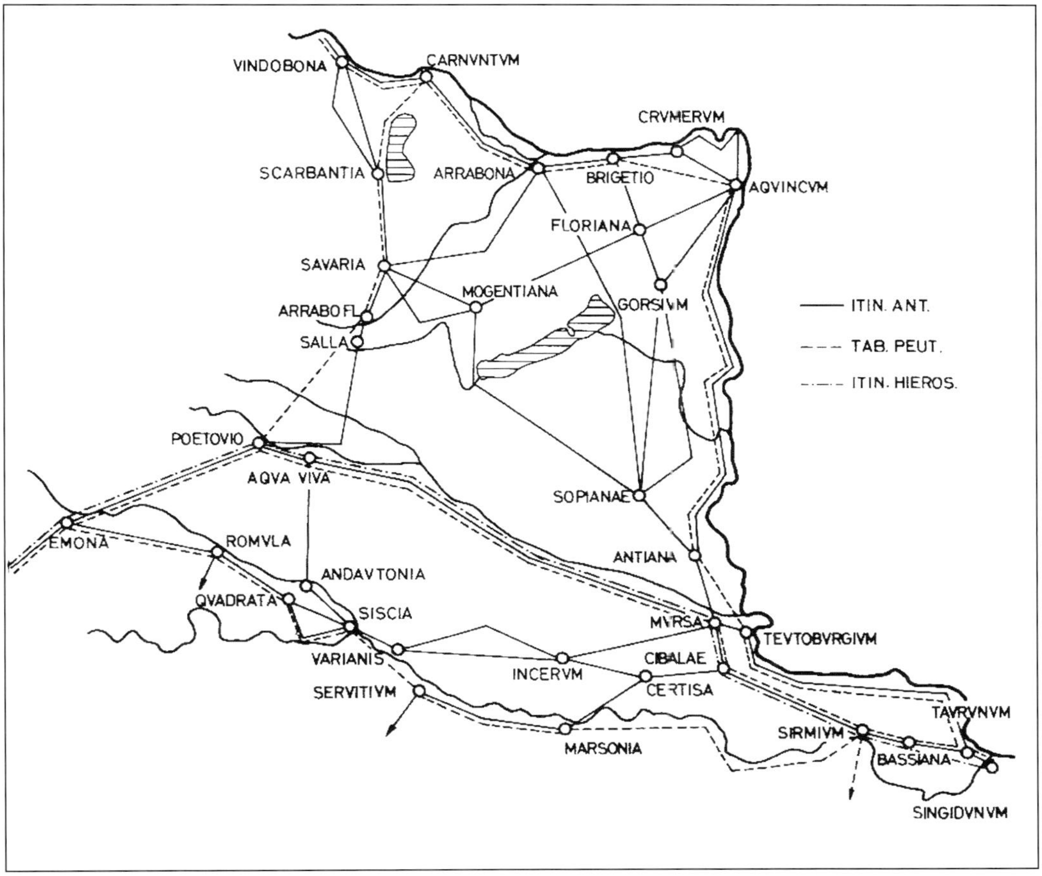

Abb. 7: Die römischen Fernstraßen in Pannonien (MÓCSY 124)

Prunward) als Bischof für die Bekehrung der Ungarn ausersehen, der in Mainz von Erzbischof Willigis zum Bischof geweiht wurde.

Der erste westliche Bekehrer sollte jedoch Wolfgang, Mönch der Sankt Gallen benachbarten Abtei Einsiedeln werden. Beseelt von der kaiserlichen Absicht zur Missionierung Ungarns, zog er gegen Osten. Er wurde jedoch an der Grenze Pannoniens von Pilgrim zurückbeordert.

Der Beginn der Bekehrungsarbeiten ist daher mit dem Namen Bruno von Sankt Gallen verbunden. Nach seiner Bischofsweihe machte er sich auf den Weg mit Ottos Brief an Pilgrim. Dieser erhielt die Anweisung, Bruno weitgehende Hilfe, vor allem Geistliche mit Sprachkenntnissen, wahrscheinlich slawischen, für die Bekehrung zur Verfügung zu stellen. Slawisch war in Ungarn zu dieser Zeit noch weit verbreitet; viele Ungarn beherrschten es einigermaßen als Zweitsprache. Pilgrim unterstützte, der kaiserlichen Anweisung gehorchend, die Aktivitäten Brunos.

Willigis, der mächtige Archicapellanus des kaiserlichen Hofes, setzte für die Missionierung der Ostländer Geistliche seines Vertrauens ein. Adalbert, den Willigis 983 zum Bischof weihte, wurde Bischof des Prager Bistums, das dem Mainzer Erzbistum unterstellt wurde.[46] Anastasius (alias Astricus, Asztrik, Ascherich), ein Untergebener Adalberts, kam 995 nach Ungarn und wurde nach Bruno mit dem weiteren Aufbau der ungarischen Kirche beauftragt. Er war zunächst Abt von Pécsvárad, später, um 1006, Erzbischof von Esztergom/Gran und Kalocsa.

2.3.2.6. Die politische Lage Ungarns im ausgehenden 10. Jahrhundert

Die Außenpolitik des ungarischen Großfürsten Géza war in den letzten fünfundzwanzig Jahren seiner Herrschaft vom Frieden mit den Nachbarstaaten, im Besonderen vom Ausgleich und dem Bündnis mit den Ottonen bestimmt, denn die Machtkämpfe und Schwierigkeiten zu Beginn der Christianisierung haben ihm innenpolitisch die Hände gebunden. Géza setzte auf die kaiserliche Karte und mied die bayrischen Machtträger. Während der wiederholten Auseinandersetzungen zwischen Kaiser und Heinrich dem Zänker stand Géza, ebenso wie die bayrischen Bischöfe, jeweils auf kaiserlicher Seite. Dagegen war das Verhältnis zu Bayern gespannt. Es gab dauernd Grenzkonflikte und 991 auch kriegerische Auseinandersetzungen mit Heinrich dem Zänker. An der Bekehrung Ungarns in den letzten 25 Jahren des 10. Jahrhunderts hatten die bayrischen Bischöfe, entgegen der früheren ungarischen Geschichtsschreibung (Bálint HÓMAN), keinen Anteil. Die Missionierung dieses Zeitabschnitts ging vom alemannischen Raum aus.

Eine grundlegende Wende trat erst nach dem Tode Heinrichs des Zänkers sowie der bayrischen Bischöfe Friedrich und Pilgrim ein. Ungarn hatte auf die Gebiete bis zur Leitha verzichtet. Es gab keine Grenzstreitigkeiten mehr. Bayern war der westliche Nachbar Ungarns. Heinrich II., Sohn Heinrich des Zänkers, wurde deutscher König und später römischer Kaiser, seine Schwester, Gisela, wurde die Gemahlin König Stephans I.

2.3.2.7. Das Scheitern der Besitzansprüche Salzburgs

Alle drei Besitzbestätigungen für Salzburg sind in einer Zeit erteilt worden, als der Kaiser in Bedrängnis war. Erzbischof Friedrich als dessen Ergebener nutzte geschickt die Gunst der Lage um seine Bündnistreue honorieren, seine Ansprüche legitimieren zu lassen. In dieser Lage war die kaiserliche Seite sozusagen genötigt, sein Ersuchen nicht abzulehnen. Woran lag es aber, dass die Bestätigungen der kaiserlichen Kanzlei, zumindest was den Besitzanspruch in Pannonien, also in Ungarn betrifft, trotz diplomatischem Geschick des Erzbischofs nicht realisiert werden konnten?

Karl BRUNNER sieht den Grund darin, dass ein zu starker Machtzuwachs der bayerischen Bischöfe und Bayerns im Osten und deren Einfluss auf die sich organisierende Kirche in Ungarn sowie die angestrebte Restitution früherer Rechte Salzburgs in Pan-

[46] Dem Bistum Regensburg, das den Prager Bischofssitz anstrebte, wurde zu Gunsten des Mainzer Erzbistums eine Absage erteilt (BRUNNER 82).

nonien nicht den machtpolitischen Vorstellungen der Ottonen entsprachen.[47] Von kaiserlicher Seite war man auf außenpolitische Zurückhaltung bedacht und bevorzugte autonome Kirchenorganisationen im Umfeld des Reiches, so auch in Ungarn. Man wollte die sich mit Ungarn normalisierenden Beziehungen nicht stören.

Aber auch Willigis selbst, als Mainzer Erzbischof, sah in den bayrischen Bistümern Rivalen und nutzte seinen Einfluss am Hofe unter Kaiser Otto II. und später während der Regentschaft der Kaiserin Theophanu, um seine eigene kirchliche Vormachtstellung in den Ostländern zu verwirklichen. Bruno, Adalbert und Anastasius waren Ergebene des Erzbischofs. Die bayrische Kirche musste sich der von Willigis bestimmten kaiserlichen Strategie fügen. So gesehen, waren die kaiserlichen Besitzbestätigungen nicht mehr wert als das Pergament, auf das sie geschrieben wurden. Erzbischof Friedrich unternahm in den Folgejahren auch keinen Versuch, um die ihm bestätigten Besitztümer einzufordern. Auch von der ungarischen Seite war Géza darauf bedacht, den Einfluss der bayrischen Bischöfe auf Bruno abzuschirmen.

Als in Ungarn am Ende des 10. Jahrhunderts durch die dynastischen Beziehungen Bayern zu Einfluss gelangte, war mit der Gründung des Erzbistums Esztergom/Gran im Jahre 1001 die Eigenständigkeit der ungarischen Kirche bereits besiegelt, den Besitzforderungen und der Restitution kirchlicher Rechte Salzburgs in Pannonien war der Boden endgültig entzogen.

2.3.3. Die Gründungsurkunde des Episkopats

Nach der Gründung des Erzbistums Esztergom/Gran kam es in den folgenden Jahren zu weiteren Bistumsgründungen durch König Stephan dem Heiligen, im Jahre 1009 zur Gründung des *Episcopatus Quinqueecc[lesiensis]* (siehe den urkundlichen Beleg 2). Die Gründung wurde am 23. August 1009 in der Burg Győr in Anwesenheit des Päpstlichen Legaten und Bischofs von Ostia, Azzo, vollzogen. Der erste Bischof war Bonipert. Pécs ist das einzige ungarische Bistum, dessen genaues Gründungsdatum überliefert ist.

Für die Bistumssitze wurden in der Regel bedeutende römische Städte ausersehen, wo frühchristliches Leben nachgewiesen war, vorzugsweise für heilige, geweihte Stätten mit Reliquien von Märtyrern oder herausragenden Wanderbischöfen. Deren Beisetzung in einem Dom bedeutete deren Heiligsprechung. Die Formel „Ubi Sanctus NN requiescit“ war ein hoher Ehrentitel einer Kirche. Die Kirche knüpfte an den durch die Völkerwanderung verschütteten christlichen „Unterbau“ aus der Spätantike in den Missionsgebieten an. Salzburg ging, wie bei der Errichtung der bayerischen Bistümer, auch in Karantanien und dann in Pannonien in die bekannten römischen Städte.[48] Auch *Quinque Basilicae* bzw. *Quinque Ecclesiae* wurde als solche in der Conversio (durch die erfolgte Kirchenweihe Liuprams) und in den späteren Urkunden stets in Evidenz gehalten (siehe 2.2., 2.3.2.).[49]

---

[47] Vgl. BRUNNER 100.

Es ist kein Zufall, dass gerade das heutige Pécs als bedeutende Stadt der Spätantike mit den um die Jahrtausendwende noch zum Teil ihrer Bestimmung dienenden frühchristlichen Baudenkmälern, die auch die historischen ON *Quinque Basilicae* und *Quinque Ecclesiae* reflektieren, als Bistumssitz ausersehen wurde, denn hier wurde von der neuen ungarischen Kirche die gleiche Tradition wie bei der Gründung der westlichen Bistümer nördlich der Alpen befolgt. Die bischöfliche Residenz (Burg) wurde trotz der äußerst ungünstigen strategischen Lage auf dem frühchristlichen Friedhof an den sakralen Stätten errichtet.

Bezüglich der Wahl des Namens *Quinque Ecclesiae* in der Gründungsurkunde gibt es noch andere, teils sich widersprechende Interpretationen. Camillo REUTER (1962, 196f.) geht mit Recht davon aus, dass der Name zuerst in dem um 970–977 ausgefertigten Arnolf-Privileg erschien. Er nimmt an, dass ein Notar mit dem Signum Heribert C, der zuvor in der deutschen kaiserlichen Kanzlei, ab Sommer 1002 in der Kanzlei König Stephans I. in Ungarn beschäftigt war, die Gründungsurkunde des Episkopats (1009) verfasst hat. Dieser hat den Namen, der ihm aus seiner vorherigen Tätigkeit bekannt war, in die Urkunde mit der Formel „episcopatus, qui vocabitur Quinqueecclesie“ (sic!) eingefügt. Damit war die Zugehörigkeit des lateinischen Namens des Arnolfinums, *V aecclesias,* zum Ort der Bistumsneugründung hergestellt. Der lateinische Name wurde „von nun an“ allgemein gebraucht und u. a. auch ins Deutsche mit *Fünfkirchen* übersetzt.[50] Soweit der Gedankengang REUTERS.

Wahrscheinlich war nicht Heribert C der Schreiber der Gründungsurkunde.[51] György GYÖRFFY vermutet ihn aus der Umgebung des Freisinger Bischofs, worauf die in Freising übliche einleitende Formel hindeutet. Nach Wolfgang HUSCHNER kam er aus der Umgebung Heinrichs II.[52]

---

[48] In Salzburg, dem antiken Iuvavum, geht die christliche Tradition auf den hl. Rupert zurück, der Ende des 7. Jahrhunderts unter anderem ein Stift sowie ein Frauenkloster gründete und eine Kirche zu Ehren des hl. Petrus bauen ließ. Salzburg wurde 796 zum Erzbistum erhoben, dem die Suffraganbistümer Freising, Neuburg, Passau, Regensburg und Säben unterstanden. In Regensburg (Castra Regina bzw. Ratisbona), gab es bereits in römischer Zeit christliche Tätigkeit. Ab dem 6. Jahrhundert waren hier Wanderbischöfe, unter anderem der hl. Emmeram tätig. In Passau (Castra Batava) ließen sich um 300 die ersten Bewohner taufen. Hier lebten in der Frühzeit des Christentums Sankt Florian, der Wanderbischof Sankt Valentin und Sankt Severin. Das alte Bistum Säben (Sabiona) soll vom hl. Kassian um das Jahr 350 gegründet worden sein. Als erster Bischof wird der hl. Ingenuinus 579 namentlich erwähnt.

[49] „Manche dieser Ansprüche waren wie ein Claim im »wilden Osten« gewesen, abgesteckt, bevor man noch wußte, wie nützlich er sein würde.“ (BRUNNER 94).

[50] Die Wahl und Benennung des Bistumssitzes hatte nicht der Urkundenschreiber zu bestimmen, sie erfolgte einvernehmlich durch das Erzbistum Esztergom/Gran bzw. den Gründer, d. h. den König und nicht zuletzt durch Rom.

[51] Nach überholter Auffassung war Heribert C (sein wirklicher Name ist umstritten) Hofnotar an der deutschen Kanzlei Otto III. Nach dem Tod des Kaisers soll er nach Ungarn an den Hof König Stephans gekommen sein, wo er die kaiserliche Kanzleitradition einführte. HUSCHNER (404ff.) bringt jedoch Indizien dafür, dass Heribert C mit dem kaiserlichen Kanzler und Kölner Erzbischof Herbert identisch sei und dieser als der Verfasser der Gründungsurkunde von Pannonhalma (Martinsberg) gilt. HUSCHNER (418) glaubt, dass Azzo, Bischof von Ostia, der auch bei der Gründungsfeier des Bistums anwesend war, bei der Abfassung der Gründungsurkunde mitgewirkt haben könnte. Die lateinische Schrift und Urkundensprache wurde laut HUSCHNER (418) durch eine „internationale“ okzidentale Gruppe von gelehrten Diplomnotaren in Ungarn eingeführt.

[52] Vgl. GYÖRFFY 1983, 266; HUSCHNER 404ff.

Gábor VÉKONY interpretiert die Abkürzung *Quinqueecc.* aus der späteren Abschrift ebenfalls als Substantiv[53] und übersetzt: „episcopatus, qui vocabitur Quinqueeccl(esie)" (sic!), 'Bistum, das Pécs genannt werden wird',[54] womit bewiesen sei, dass der Name zuerst das Bistum bezeichnete, in dem es entweder fünf Kirchen oder fünf Dekanate gegeben haben soll, und später auf die Stadt (das heutige Pécs) übertragen wurde.[55] Dieser Annahme schließt sich auch Endre TÓTH (1991, 106) an und nennt fünf Dekanate: *Váty, Baranya, Aszuágy, Pozsega* und *Valkó*. Nach György GYÖRFFY (1966, 359) hatte das neugegründete Bistum deren acht: *Regöly, Tolna, Baranya, Váty, Aszuság, Pozsega, Valkó* und *Marchia*. *Quinque Ecclesiae* sei nach Ansicht der genannten Autoren eine ungarländische Invention ohne jeglichen Bezug auf den Namen *Quinque Basilicae* der Conversio. Das Arnolfinum soll es nach Endre TÓTH, der sich Heinrich KOLLERs Argumentation anschloss, damals noch gar nicht gegeben haben. (Vgl. 2.3.2.2.)

Zunächst sei festgehalten, dass sich das „qui vocabitur" nicht auf den Ort oder Sitz bezieht, was man gerne hineininterpretiert hätte, sondern lediglich auf das Bistum, d. h., angibt, wie das Bistum heißen soll. Damit kann auch davon ausgegangen werden, dass es den Namen für den Ort im lateinischen Schrifttum schon vorher gegeben hat. Den Autoren entfiel, dass das Lateinische keinen formalen Optativ als modales Hilfsverb hat und dieser durch das Futurum bezeichnet wird. Die korrekte Übersetzung lautet daher: 'Bistum, welches Quinqueecclesiensis genannt werden soll'. Das Verb 'werden' der deutschen Übersetzung hat hier ebenfalls keine Futur- sondern eine Präsens-Passiv-Funktion.[56]

Die Bistümer tragen europaweit, von sehr wenigen Ausnahmen abgesehen, den lateinischen oder latinisierten Namen der Stadt ihres Sitzes, wofür in der Regel die adjektivische Form, meist appositiv, verwendet wird, z. B. Episcopatus Wesprimiensis, Episcopatus Sabariensis, (Szombathely, erst 1777 gegründet!) etc. Der Ortsname ist primär, der Bistumsname ist sekundär und nicht umgekehrt. Nach den lateinischen Phrasenbildungsregeln könnte auch eine Possessivkonstruktion, „Episcopatus Quinque Ecclesiarum", in Frage kommen, jedoch nicht ein von den oben genannten Autoren angenommener „Episcopatus Quinqueecclesie". Die Bevorzugung des lateinischen Ortsnamens für die Benennung des Bistumssitzes, falls es einen lateinischen gab (und für Pécs gab es einen), entsprach kirchlicher Tradition. Er war, wie bereits dargelegt wurde, ein herausragendes Bindeglied zur Antike und zu den Anfängen des Christentums.

An anderer Stelle nimmt Endre TÓTH (1991, 103f.) als Möglichkeit an, dass in der Gründungsurkunde a. 1009 der Bischofssitz noch gar nicht eingetragen war, weil er zu

---

[53] VÉKONY 59. – Anm.: Die Bistumsbezeichnungen, obwohl Adjektive, werden immer großgeschrieben.

[54] „püspökség, amely Quinqueecclesia/Ötegyháznak fog neveztetni, vagy ha a Quinqueecclesia helyére a Pécs nevet tesszük: ‚Pécsnek'" (VÉKONY 59).

[55] BOMBARDI, Michaelis P.: Topographia magni regni Hungariae [...] 1780, und BÉL, Mátyás: De situ, natura et opportunitatibus comitatus Baranya [o. J.] vertraten bereits die Ansicht, dass Quinque Ecclesiae entweder nach den vorhandenen fünf Kirchen benannt wurde, oder weil Pécs unter den von Stephan dem Heiligen gegründeten Bistümern das fünfte war.

[56] Die Übersetzung auch in verschiedenen anderen Abhandlungen: [mely] *Pécsnek fog neveztetni*, ist falsch und müsste *pécsinek neveztessék* lauten.

dieser Zeit noch nicht feststand und der Bischof vielleicht in der Abtei Pécsvárad (die 1015 gegründet wurde!) residierte. Er nimmt jedoch an, dass Salzburg über die neu entstehende Kirchenorganisation in Ungarn informiert gewesen sein und von dem Episcopatus Quinqueecclesiensis gewusst haben musste. Dazu bot die Weihe des Bamberger Doms a. 1012 (drei Jahre nach der Bistumsgründung von Pécs) Gelegenheit, an der Anastasius (Asztrik), Erzbischof von Kalocsa, und der Salzburger Erzbischof zugegen waren und sich sicherlich auch über die Kirche Ungarns unterhielten. Das würde bedeuten, dass der Name des Bistums schon existierte.

Anzumerken sei, dass Anastasius als „Ungrorum episcopus" im Auftrag König Stephans an der Frankfurter Synode a. 1007 teilnahm, auf der das Bamberger Bistum gegründet wurde, und er hier auch dem Salzburger Erzbischof Hartwig begegnete. (Vgl. GYÖRFFY 1992, 42f.) Der Synode wurden geplante Bistumsgründungen in Ungarn bestimmt nicht vorenthalten. Wer kann dann ausschließen, dass bereits hier schon der Name *Quinque Ecclesiae* als zukünftiger Bistumssitz gefallen sei?

Eine weitere Spekulationsvariante: Nach mehrfach abgeschriebenen Versionen soll laut Endre TÓTH (1991, 103) die erhaltene Kopie der Gründungsurkunde des Bistums erst um die Mitte des 11. Jahrhunderts mit dem vollständigen Bistumsnamen entstanden sein. Dass der Name schon vorher im Umlauf war, beweisen jedoch die oben angeführten hist. Belege 3) und 4) aus der ersten Hälfte des 11. Jahrhunderts (vgl. 2.3.1.). Unvorstellbar wäre auch, dass man bei der Ausfertigung der Urkunde nicht auf die ausdrückliche Nennung des Namens des Bistums bestanden hätte.

Dass im Arnolfinum, das nach der von Endre TÓTH vertretenen Version Heinrich KOLLERs angeblich ebenfalls um diese Zeit angefertigt wurde, nicht das *Quinque Basilicae* der Conversio sondern *Quinque Ecclesiae* eingetragen wurde, sei nach ihm ein Indiz dafür, dass die Information Salzburgs über diesen neuen ON aus Ungarn kam.

Die ungarische Invention des Bistumsnamens wäre ein merkwürdiger Zufall, der auch in Anbetracht der Ausführungen im Kapitel *Quinque Basilicae* und der Deutung des Namens *Pécs* jenseits der Glaubwürdigkeit anzusiedeln ist.

Da alles dafür spricht, dass der Name *Quinque Ecclesiae* in der Gründungsurkunde nicht der Erstbeleg ist, sind alle anderslautenden Interpretationen als überholt anzusehen. Über die Frage der Umbenennung *Quinque Basilicae* > *Quinque Ecclesiae* wird unten die Rede sein.

2.3.4. Pente Ecclesiae?

Nach der ungarischen Landnahme wurde die alteingesessene christliche Bevölkerung in und um Pécs in der Ausübung ihrer Religion sicherlich nicht gravierend gehindert, denn die breitere Besiedlung großer Landesteile, auch der Baranya, erfolgte erst Jahrzehnte nach der Wende zum 10. Jahrhundert. Um diese Zeit gab es mit Unterstützung des zum Christentum bekehrten Herzogs Tormás auf dessen Siedlungsgebiet nördlich der Drau, zu dem auch Pécs gehörte, eine rege Bekehrungstätigkeit aus Byzanz. Nach György GYÖRFFY (1982, 47) muss auf „dem Siedlungsgebiet des Herzogs Tormás

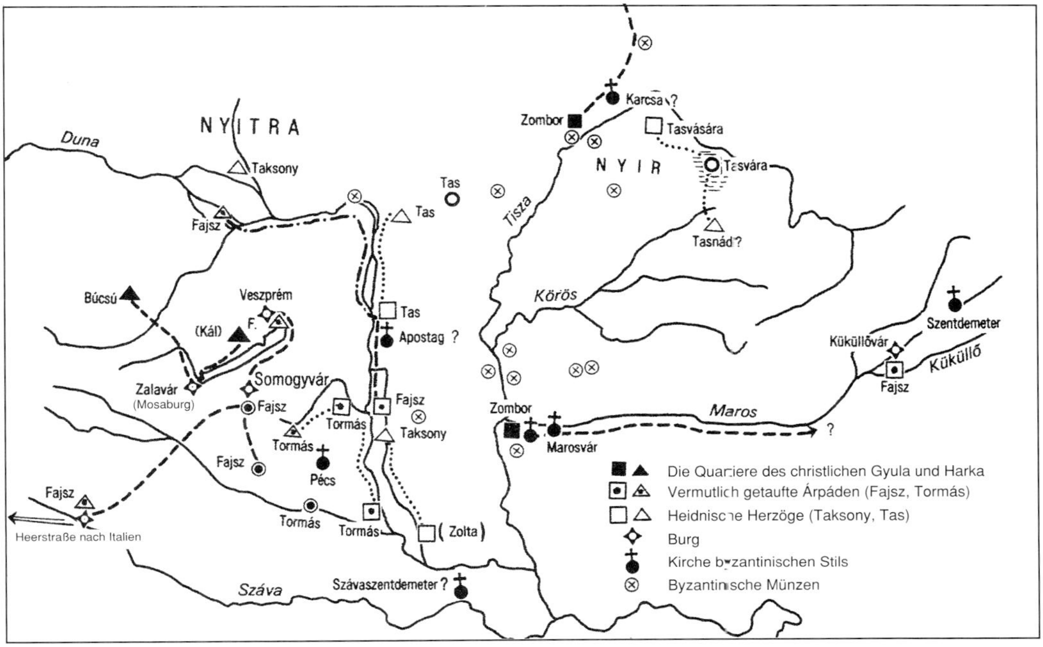

Abb. 8: Beginnende byzantinische Bekehrungstätigkeit in Ungarn
zur Zeit des Großfürsten Fajsz (948–955)
(GYÖRFFY 1983, 48)

[…] mit der Neubelebung der auch unter dem griechischen Namen *Pente ecclesiae* erscheinenden Pécser Kirche gerechnet werden.“

Bedauerlicherweise hat György GYÖRFFY keine Quelle für seine Namensangabe genannt, daher kann seine Äußerung, bei allem Respekt vor ihm als wissenschaftliche Autorität und besten Kenner der frühungarischen Geschichte, nur als wohlbegründete Annahme verbucht werden. Pécs hatte auch in dieser Zeit einen Namen, welchen, darüber ließe sich mangels schriftlicher Belege ausgiebig spekulieren. Ich möchte es hier mit der Annahme GYÖRFFYs bewenden lassen.

Vgl. auch György GYÖRFFYs und Josephus KOLLERs Lesart des hist. Belegs *Peuche* unter 2.4.5.1.

2.3.5. Basilica vs. Ecclesia

Beide Wörter sind vorchristlichen, altgriechischen Ursprungs. *Basilica* (griech. *βασιλική* ‘Königshalle’, lat. *basilica domus)* bezeichnete in der Antike ein Prachtgebäude für Gerichtssitzungen und Markthalle. Die vornehmeren römischen Wohngebäude hatten Hallen für größere Versammlungen, die dem Grundriss der Basilika entsprachen. In den Privathäusern, besonders in deren Basiliken, hielten auch die ersten Christen ihren Gottesdienst und flüchteten erst zu Beginn der Verfolgung in die Katakomben. Nachdem das Christentum im Imperium Staatsreligion geworden war, hat man für den Bau der Gotteshäuser die Grundform der vorchristlichen Basiliken übernommen und auch die Bezeichnung belassen und diese ab dem 4. Jahrhundert fast ausschließlich auf die christlichen Gotteshäuser übertragen. Diese wurden dann in ihrer Anordnung und Funktion den neuen Bedürfnissen entsprechend umgestaltet. *Ecclesia* (griech. *ἐκκλησία* 'die Herausgerufene'; lat. *ecclesia*), war die Volksversammlung zur Zeit der attischen Demokratie als oberster Souverän. Im griechischen Grundtext des Evangeliums wird mit *ἐκκλησία* die christliche Gemeinde bezeichnet.

Für AUGUSTINUS stellt das sichtbare Gotteshaus, der Versammlungsort (*Basilica*) des Volkes Gottes, die christliche Gemeinde *(Ecclesia)* selbst dar: „*... appellamus ecclesiam basilicam, qua continetur populus, qui vere appellatur ecclesia,* wir übertragen den Namen der Kirche auf die Basilika, in der sich das Volk zusammenfindet, das diesen Namen im eigentlichen Sinne trägt" (RATZINGER 173).[57] Das christliche Gotteshaus ist demzufolge „ganz und gar nur Bild für das wahre Haus: die lebendige Gemeinde Gottes" (ebd. 174). AUGUSTINUS bezeichnet mehrmals das Kirchengebäude als *mater ecclesia,* als das Bergende, das Gemeinschaftstragende (ebd. 170). Die Entsprechung zum heidnischen Tempel ist für ihn nicht der Raum, die *Basilica,* sondern die *Ecclesia,* die in diesem Raum versammelte lebendige Gemeinde, im Weiteren das gesamte als Leib Christi bestehende Volk Gottes (ebd. 241, 322, 327). Das Wort *Ecclesia,* dt. *Kirche,* ist demnach zum Bedeutungsträger des Hauses Gottes, der lokalen Kirchengemeinschaft und universellen christlichen Glaubensgemeinschaft, der 'una sancta ecclesia', zum allgemeinen Kirchenwort des theologischen Sprachgebrauchs geworden.[58]

Ecclesia verdrängte *Basilica* in den Kulturlandschaften der Romania überall dort, wo das Vulgärlatein, die Umgangs- und kirchliche Kultursprache, das Volgare, gepflegt wurde, wo es einen theologisch durchgebildeten Klerus gab. *Basilica* blieb als konkrete Bezeichnung für 'Gotteshaus, Grabkapelle' nur in einigen „Rückzugsgebieten" erhalten, wo die Kultursprache keinen Einzug gehalten hat und die Bevölkerung weiterhin ihr eigenes regionales, isoliertes Idiom sprach.[59] Gottfried SCHRAMM nennt drei solche „Beharrungsräume": Graubünden, die Adria-Insel Veglia und das Rumänische.[60] Dagegen behielt das Wort *Basilica* allgemein seine konkrete Bedeutung als „spezifisches Bauwort", es bezeichnete eine drei- oder fünfschiffige große Kirche und wurde erst viel später Ehrentitel einer bedeutenden Kirche.

---

[57] Zit. aus J. SAUER: Der Kirchenbau Nordafrikas in den Tagen des heiligen Augustinus. In: Aurelius Augustinus, S. 243–300.

[58] Eine ausführliche Abhandlung der spirituellen Bedeutungsentwicklung des Wortes *Ecclesia* bietet das Augustinus-Lexikon 2: 687ff. Vgl. auch *Basilica,* ebd. 1: 607ff.

[59] Nach SCHRAMM (1997, 344ff.) bezeichnete Basilica in der östlichen Romania das Kirchengebäude sowie die Grabstätte. Nicht nur Kirchen, auch Kapellen oder Zellen, die kleinsten Ruhestätten (auch von Märtyrern) wurden als Basiliken bezeichnet. (Vgl. FÜLEP 1973, 322f.; ferner SCHRAMM 1997, 361; GYÖRFFY 1966, 359). „Basiliken nannte man im Mittelalter kleinere Gebäude, die als Grabstätte der Oberschicht dienten, weil sie nach dem Muster großer Kirchen bzw. Basiliken gebaut wurden." (RUPP, Jakab: Magyarország helyrajzi története, Pest 1870–1876, I/2, S. 354.; zitiert bei REUTER 1962, 195).

[60] SCHRAMM 1997, 357ff.

2.3.6. Zur Frage des ON-Wechsels

Über die Motivation und dem Zeitpunkt der Umbenennung des ursprünglichen Ortsnamens *Sopianae* in **Quinque Basilicae* gibt es bislang keine historischen und archäologischen Informationen. In der spätrömischen Zeit gab es in Pannonien einige ON-Umbenennungen, deren Motivation man auch nachvollziehen zu können glaubt. Eine solche ist für die Aufgabe des Namens *Sopianae* nicht unmittelbar zu erkennen. Der Name war doch noch im 4. Jahrhundert, vielleicht darüber hinaus der amtliche, wenn auch nur spärlich bezeugte Name der Stadt. Fest steht jedoch, dass er ersetzt wurde. Warum? Diese Frage kann nur spekulativ und mehrschichtig angegangen werden.[61]

Die fünf Kirchen bei *Sopianae* wurden von den christlichen Gemeinden auf dem Friedhof nördlich der Stadt außerhalb der Stadtmauern, d. h. im suburbanen Gebiet errichtet (vgl. 2.3.8.1.). Im engeren Sinne ist dieses Gebiet kein Stadtteil. Die Komplementarität der beiden Örtlichkeiten, Friedhofsgelände und Stadt, setzen daher die gleichzeitige Existenz der beiden ON, d. h. ihre Verwendung von allen Bewohnern voraus: *Quinque Basilicae* bzw. als lokative Fügung **Ad quinque Basilicas,* und *Sopianae.*

Während der Standort der fünf Kirchen und damit der ON zu immer größerer und schließlich zu zentraler Bedeutung gelangte, hatte der Name der Stadt, *Sopianae,* als Prädienname für die wenigen verbliebenen, der unteren Schicht angehörenden lateinisch sprechenden Bewohner keinen Realitätsbezug mehr. Für die anderssprachige Bevölkerung der Umgebung hatte er keinen semantischen Bezug, er war für sie unmotiviert, d. h. unverständlich, undeutbar. Der Name *Sopianae* wurde zur leeren Hülse und ging unter. Der neue Name, *Quinque Basilicae,* wurde im weiteren Verlauf auf die nach der Abwanderung der römischen Führungselite in die Bedeutungslosigkeit gesunkene Stadt selbst übertragen.[62] Den Umbenennungsprozess wird man frühestens in die ersten Jahrzehnte des 5. Jahrhunderts ansetzen, als es nach dem Kenntnisstand der Archäologie fünf ihrer Bestimmung dienende sakrale Bauten gegeben haben musste, als sich die Bedeutung des Wortes mit der Sache deckte, die Beziehung Wort und Sache der Realität entsprach. Jenő FITZ (1994, 1332) vermutet das Volk der Keszthely-Kultur in bzw. um Pécs als Namengeber. Als die lokale Fügung zum Eigennamen wurde, ver-

---

[61] Es ist anzunehmen, dass mit der Christianisierung im Laufe des 4. Jahrhunderts, besonders jedoch Anfang des 5. Jahrhunderts nach dem Zerfall der weltlichen Ordnung, des politischen und wirtschaftlichen Niedergangs und dem Abzug der Führungselite die Kirchen der Stadt mit ihrem weiträumigen Umfeld für die verbleibende und sich im Zuge der inneren Migration neu formierende christliche Bevölkerung der Mittelpunkt wurden, nicht nur des kirchlichen sondern des gesellschaftlichen Lebens schlechthin. Wir sehen hier einen Ansatz einer ekklesiozentrischen sozialen Entwicklung, wie wir sie aus dem Mittelalter und in der Folgezeit kennen: Nach dem sonntäglichen Gottesdienst war an der Kirche der Treffpunkt und Informationsaustausch. Die Menschenansammlungen zogen Handel und Gewerbe an. Der Sonntag war vielerorts der Markttag (Vgl. dt. *Messe* 'Gottesdienst' > 'Heiligenfest mit großem Jahrmarkt', *Kirmes* (KLUGE[22] 474 *Messe*[1], 371 *Kirmes*); ung. *vasárnap* 'Sonntag' < *vásárnap* 'Markttag'; vgl. TESz. 3: 1096 *vasárnap*). Der Marktplatz war bei der Kirche. Die Siedlungen wurden häufig nach der Kirche und derem charakteristischen Merkmal (bauliche Besonderheit, Farbe, nach deren Anzahl in einer Siedlung), oder elliptisch nach deren Schutzheiligen benannt. Als analoges Beispiel bietet sich der ON *Szekszárd* (römerzeitliches *Alisca*) an, der sich von *szeg* + *zárd* 'braune Mönchsklause' ableitet.

[62] Zsolt VISY nimmt für die Zeit nach dem Abzug der römischen Führungsschicht einen Kontinuitätsbruch in der Besiedlung der Stadt an, der zur Umbenennung des ON führte (VISY 2003, 117ff.).

lor dieser seine Bedeutung, denn Eigennamen haben keine Bedeutung. Von nun an war die Zahl der sakralen Bauten für die Benennung belanglos.

Es wird angenommen, dass im gleichen Zeitraum eine der gleichen Betrachtungsweise zugrunde liegende Parallelbenennung zu *Quinque Basilicae* von der anderssprachigen Bevölkerung entstand. Davon wird im Abschnitt 2.4. die Rede sein.

Man darf nicht übersehen, dass die spärliche Besiedlung nach dem Abzug eines Großteils der Stadtbewohner ihre Spätfolgen hatte. Die wenigen Verbliebenen waren auf längere Sicht nicht mehr in der Lage, den Zerfall und Überlagerung durch Geröll eines erheblichen Teils der Bausubstanz, der Wohngebäude und Kirchen sowie der Friedhofsdenkmäler zu verhindern. Die Stadt verödete in großem Maße.

Da auch Pannonien, im Besonderen der östliche Teil, nach dem Abzug der Römer von der kulturellen Entwicklung der Romania nach und nach abgeschnürt und zum „Rückzugsgebiet" wurde (vgl. 2.3.5.), hielt sich das Wort *Basilica* als Appellativ und als ON im kirchlichen Sprachgebrauch (neben dem von der nichtlateinisch sprechenden Bevölkerung gebrauchten ON, dem Vorläufer des heutigen ON *Pécs,* vgl. 2.4.4.), bis in die karolingische Zeit als festgefügter, ungekürzter, flektierter Eigenname. Seine ursprüngliche Bedeutung blieb erschließbar, deutbar und daher auch durch ein Synonym austauschbar.[63]

Es spricht alles dafür, dass der Name *Quinque Basilicae* nicht in der karolingischen Zeit erfunden, sondern vorgefunden wurde, sonst hätte der Ort, wie alle Neugründungen, in der Conversio einen deutschen (altbairischen) Namen bekommen und die lateinische Bezeichnung der Kirche hätte schon im 9. Jahrhundert *Ecclesia* gelautet. *Basilica* ist also geradezu der Beweis für eine frühe Benennung, denn das Wort war im appellativischen Sprachgebrauch der westlichen Kirche schon lange von *Ecclesia* verdrängt. Den Bedeutungswandel dieses Wortes reflektiert auch die Umbenennung, wenn man so will, die Aktualisierung des archaischen, unproduktiven Wortes *Basilicae* hundert Jahre später in das zeitgemäße *Ecclesiae.*

Die ethnische, gesellschaftliche und kultische Entwicklung vom 4. Jahrhundert in die Periode der Völkerwanderung und von hier in die Awarenzeit (Keszthely-Kultur) war nach heutigem Kenntnisstand der Archäologie fließender, zusammenhängender als man früher angenommen hat.[64] Auch nach dem Abzug der römischen Stadtbevölkerung gab es in der Stadt und ihrer Umgebung geistliches Leben, die verbliebenen Bewohner der Stadt waren längst zu Christen geworden, ein guter Teil der Bevölkerung der

---

[63] Der Unterschied zwischen den zwei lexikalischen Kategorien Eigennamen (Nomina propria) und Gattungsnamen (Nomina appellativa) war in frühen Zeiten, besonders im Mittelalter, weniger ausgeprägt und ist im Sprachbewusstsein sogar heute noch problematisch. Eigennamen wurden von den Schreibkundigen oft in andere Sprachen übersetzt. Mehrfachbenennungen geographischer Namen waren sehr häufig. Orte mit Bewohnern verschiedener Sprachen hatten für ihren Ort mitunter einen Namen in der eigenen Sprache, der oft die Übersetzung des ursprünglichen Namens war. Die Akzeptanz und dauerhafte Verwendung eines einheitlichen „amtlichen" Ortsnamens setzt eine gut durchorganisierte Verwaltung und Schriftlichkeit voraus. Diese fehlten in Pannonien nach dem Untergang des römischen Imperiums bis ins hohe Mittelalter. Die verschiedenen Benennungen des heutigen Ortes Pécs und im Weiteren auch die deutschen Benennungen der Kirchenorte in der Conversio und in den Privilegien sind unter diesem Gesichtspunkt zu erforschen.

[64] Vgl. TÓTH 1987, 251ff.

Umgebung war wahrscheinlich auch christianisiert. Das Latein und damit auch der lateinische ON hielt sich im kirchlichen Gebrauch und verstummte auch im weltlichen nicht. Der nichtlateinische Name war der von der erstarkten mittlerweile wahrscheinlich zur Mehrheit gewordenen nichtlateinischen Bevölkerung verwendete Name.[65]

2.3.7. Die Kirche Pannoniens in der Spätantike

Über die Kirchenorganisation nördlich der Drau im 4. Jahrhundert und in der Folgezeit gibt es keine unmittelbaren Informationen.[66] ATHANASIUS, Bischof von Alexandria, nennt in einem Brief zwei arianische Bischöfe Pannoniens, GAIUS, Bischof von Iovia und PAULUS, dessen Sitz Tibor NAGY (210) in Sopianae vermutet. Im Hinblick auf die bedeutenden Funde, die eine starke Kirchengemeinde in Sopianae erkennen lassen und die Stadt als christlichen Mittelpunkt von Süd-Valeria ausweisen, waren nach Tibor NAGY (213f.) alle Voraussetzungen für einen Bistumssitz gegeben.

Alle bekannten Fakten bezeugen das Nebeneinander mehrerer voneinander unabhängigen Glaubensgemeinschaften in Pannonien, das seit dem Ende des 3. Jahrhunderts, im Besonderen aber im Laufe des 4. Jahrhunderts Kampfplatz der Orthodoxie und der verschiedenen abtrünnigen Gemeinschaften war, von denen die Arianer den führenden Platz einnahmen. Bezeichnend ist, dass eine unterlegene oder zur Minderheit gewordene Gruppe nicht in der Mehrheit aufging, sondern weiter existierte. In Sirmium gab es zumindest vier nebeneinander existierende Gemeinden (Orthodoxe, Arianer, Photinianer, Eusebianer). Ein ähnliches Bild ist für Poetovio bezeugt und darf auch für Pécs angenommen werden. In der Verbreitung des Arianismus spielte nach Tibor NAGY (226) das Bistum Mursa eine große Rolle, was auch vom Mailänder Erzbischof AMBROSIUS bestätigt wurde. Ende der Siebziger Jahre nahm die Orthodoxie infolge der überragenden organisatorischen Aktivitäten von AMBROSIUS eine führende Rolle ein. Es gibt jedoch auch Anhaltspunkte für ein Weiterleben der Arianer. Die Angriffe der Barbaren und die Aufgabe Pannoniens machten schließlich die kirchlichen organisatorischen Bestrebungen Roms zunichte.[67]

2.3.8. Kirchenanlagen mit fünf Kirchen

Doppelkirchen und ausgedehntere Kirchenanlagen sind seit dem frühen Christentum keine Seltenheit. Die Gruppierung von Kirchen kann verschiedene, nicht nur mit dem Kult und der Liturgie zusammenhängende Ursachen haben. In dem im Jahr 478 ge-

---

[65] Dass ein Ort mehrere Namen haben kann, dafür kennt die Namenkunde mannigfache Beispiele. Nehmen wir die gegenwärtigen Namen von Pécs: Die deutschen Bewohner der Umgebung würden, wenn sie ihre Mundart sprechen, nie „Pécs“ sagen (auch heute noch nicht!), sondern Fünfkirchen, wofür es um die 28 deutsche mundartliche Varianten gibt (vgl. 2.4.7.1.). Dies gilt ebenso für die Kroaten oder Serben. Ein weiteres Beispiel: Wien = ung. Bécs. Ein Ungar würde nie sagen „Wienbe megyek“, sondern „Bécsbe megyek“. Zur Frage der Parallelbenennung vgl. auch 2.4.2.5., 2.4.4.

[66] Vgl. Tibor NAGY 209ff.

[67] Vgl. Tibor NAGY 215ff.

gründeten Kloster Mar Saba bei Jerusalem durften die Georgier, Syrer und Franken den Wortgottesdienst in ihrer Sprache in eigenen Kirchen feiern, während die Eucharistie in der großen Kirche der griechischen Mönche gefeiert wurde. Eine ähnliche Bestimmung hatten die vier Kirchen im Kloster des heiligen Theodosius in Kutila. (GLASER 2003, 877; SCHRAMM 1994, 110ff., 115f., 229ff.)

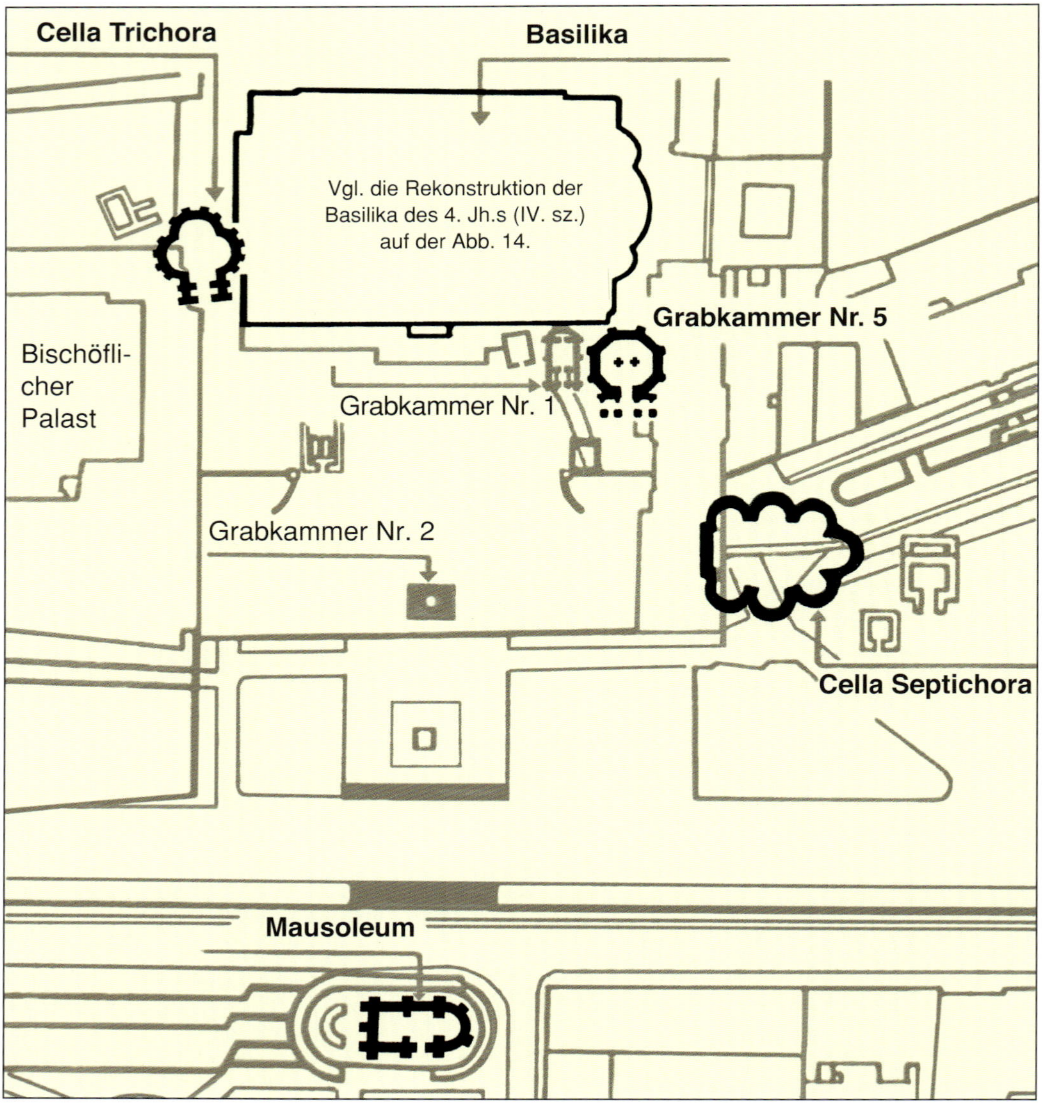

Abb. 9: Lageplan des Hauptteils des frühchristlichen Friedhofs von Pécs (Rekonstruktion und Zeichnung: Ferenc FÜLEP [nachträgliche Einzeichnung der Grabkammer Nr. 5])

Abb. 10: Cella Trichora Abb. 11: Cella Septichora
(Exponate im Janus Pannonius Múzeum, Pécs
Rekonstruktion: Antal FETTER)

2.3.8.1. Die fünf Kirchen von Pécs

Die Archäologie nennt folgende fünf christliche Gebäude auf dem frühchristlichen Friedhof von Pécs (vgl. den Lageplan, Abb. 9.), die nach heutigem Erkenntnisstand als Korrelat zum ON *Quinque Basilicae* infrage kommen: die Cella Trichora (Abb. 10.), die Cella Septichora (Abb. 11.), das Mausoleum (Abb. 12.), die Grabkammer Nr. 5 (Abb. 13.) sowie als herausragende Baulichkeit eine Kirche unter der heutigen Basilika, vermutlich deren erste Vorläuferin, rekonstruiert von Gyula GOSZTONYI anhand der Grundmauern der Basilika und weiterer Indizien (vgl. Abb. 14., IV. sz. [= 4. Jh.]). Aufgrund ihres oktogonalen Grundrisses wird die Grabkammer Nr. 5 auch als Baptisterium gedeutet. Die Baptisterien haben häufig diese Bauform. Vgl. auch die als Baptisterium gedeuteten oktogonalen Objekte auf den Abb. 15. und 16.

Die Grabbauten sind architektonisch verschieden, woraus man folgern könnte, dass sie von mehreren nebeneinander existierenden, vielleicht auch ethnisch verschiedenen Glaubensgemeinschaften errichtet wurden.

Unter 2.3.8.2. wird darauf hingewiesen, dass der Komplex der fünf Kirchen auf dem Hemmaberg durch das Nebeneinander der katholischen und arianischen Glaubensgemeinden zustande kam.[68] Eine ähnliche Konstellation sollte man auch für Pécs nicht ausschließen. Der Arianismus war in Pannonien bereits im 4. Jahrhundert besonders unter den dem Hellenismus nahestehenden Schichten, die es nachweislich auch in Pécs gegeben hat, vertreten (vgl. Tibor NAGY 93f., Edit B. THOMAS 104f.). Durch das Erscheinen der Ostgoten erfuhr er eine weitere Verbreitung und es ist zu vermuten, dass er sich noch

[68] Die Pécser Bürger waren während der Türkenzeit zum größten Teil Arianer. (HAAS 263, 268; BALÁZS 1999). Eine etwaige Kontinuität seit der vorungarischen Zeit ist jedoch auszuschließen.

Abb. 12: Mausoleum Abb. 13: Grabkammer Nr. 5

(Fotos: Janus Pannonius Múzeum, Pécs)

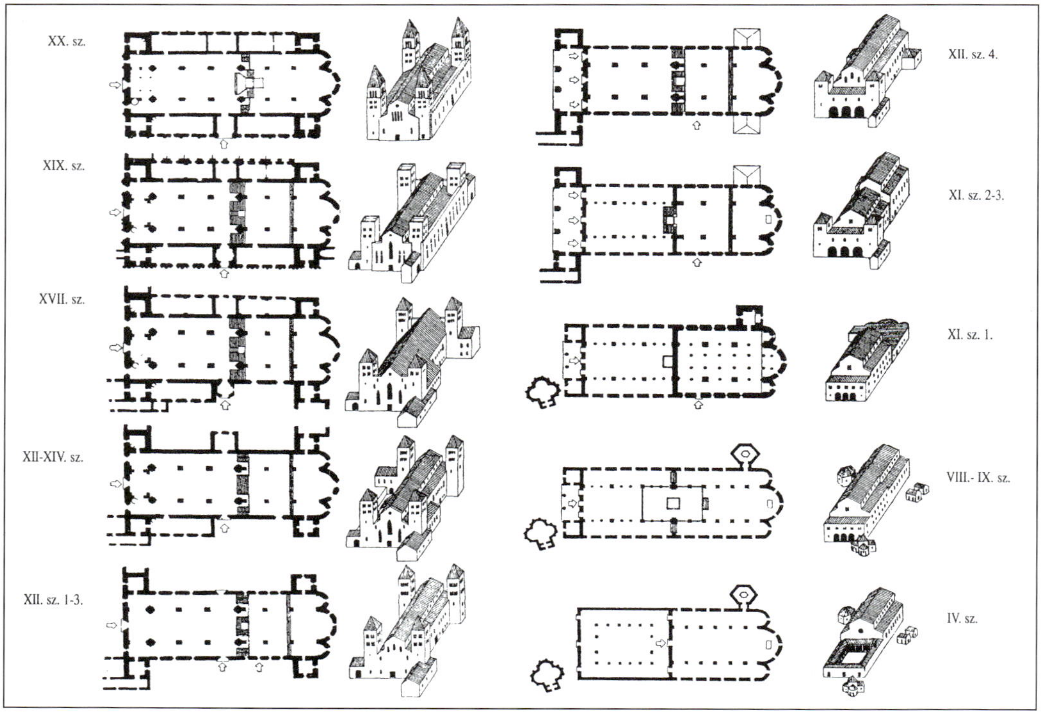

Abb. 14: Basilika, Bauausführungen vom 4. bis 20. Jahrhundert
(Rekonstruktion: Gyula GOSZTONYI, 1943)

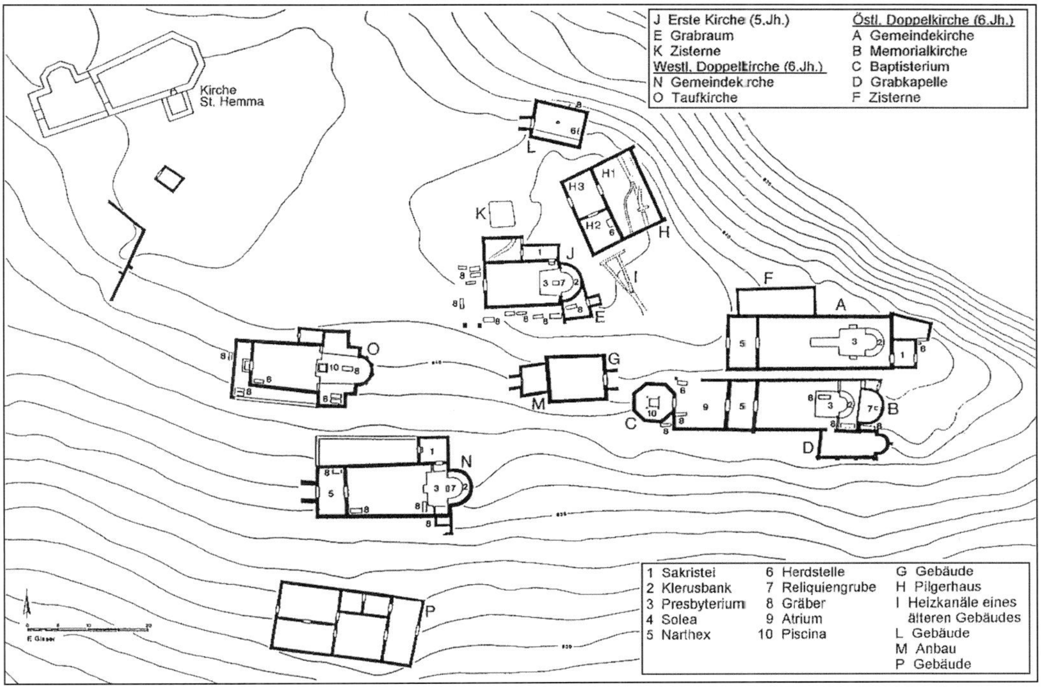

Abb. 15: Die frühchristlichen Kirchen auf dem Hemmaberg/Globasnitz (Kärnten). Zeichnung: Franz GLASER (In: GLASER 1997, 113; Abb. 42.)

Jahrhunderte lang hielt.[69] Vgl. dazu auch 2.3.6. und 2.4.3.2. Es wäre auch denkbar, dass die anderssprachigen Volksgruppen derselben Glaubensrichtung den Gottesdienst in eigenen Gotteshäusern in ihrer Muttersprache hielten. Wieviele der fünf sakralen Bauten in welchem Zeitraum ihrer Bestimmung dienten, wird man nicht genau beantworten können. Man kann jedoch die kontinuierliche Nutzung der Basilika voraussetzen, denn es wurde anlässlich der Bistumsgründung 1009 – im Gegensatz zu anderen Bistümern – keine bischöfliche Kathedrale erbaut.[70]

2.3.8.2. Die fünf Kirchen auf dem Hemmaberg (Kärnten)

Auf dem Hemmaberg/Globasnitz in Kärnten gab es eine Anlage mit fünf Kirchen, eine ältere Kirche (J) aus dem Anfang des 5. Jahrhunderts (als daneben noch ein keltisches Heiligtum der Gottheit Iouenat verehrt wurde), und je zwei ein Jahrhundert später entstandene liturgisch und kultisch zusammengehörige Doppelkirchen. Vgl. Abb. 15. Der Bau der Doppelkirchen fiel in die Zeit des Ostgotenkönigs Theoderich, weshalb die

[69] Anmerkung: Die in Kisdorog gefundene und von Edit B. THOMAS besprochene, in das letzte Drittel des 4. Jahrhunderts datierte Tontafel mit der Inschrift ARIO möchte ich als Nominativ (als Darstellung) und nicht als Dativ (als Widmung, 'dem Arius') interpretieren und die Wortendung *-o* einem anderen, vielleicht einem östlichen oder germanischen Idiom zuordnen. Die Tontafel ist der einzige archäologische Fund, der auf den Arianismus in der weiteren Umgebung von Pécs hinweist.

[70] Vgl. FITZ 1994, 1332.

eine (A,B) den romanischen Katholiken, die andere (O,N) den arianischen Ostgoten zugeordnet werden kann. Dafür spricht, dass die eine Kirche keine räumliche Abtrennung für den Geistritus hatte, da bei den Arianern der Heilige Geist eine untergeordnete Rolle hatte, d. h., als Geist Christi interpretiert wurde. (Vgl. GLASER 2003, 879.)

Nach Aussage des Wiener Archäologen Erik SZAMEIT kann der Schluss auf eine Kirche der wulfilanischen Ostgoten daraus gezogen werden, dass nach deren Untergang die eine Kirche gegen die Mitte des 6. Jahrhunderts profaniert wurde, während die andere weiter ihrer Bestimmung diente. In die profanierte Kirche wurden dann Wohnräume eingebaut, was Küchengeschirr bestätigt.

Um die Frage, ob nicht vielleicht hier, auf dem Hemmaberg der Baukomplex Quinque Basilicae lag, wo der Salzburger Erzbischof Liupram Kirchen geweiht hat, braucht man sich nicht zu bemühen, denn die Anlage wurde mit dem Erscheinen der Slawen während des 7. Jahrhunderts verlassen, außerdem befand sie sich südlich der Drau im Bereich des Patriarchats Aquileia.

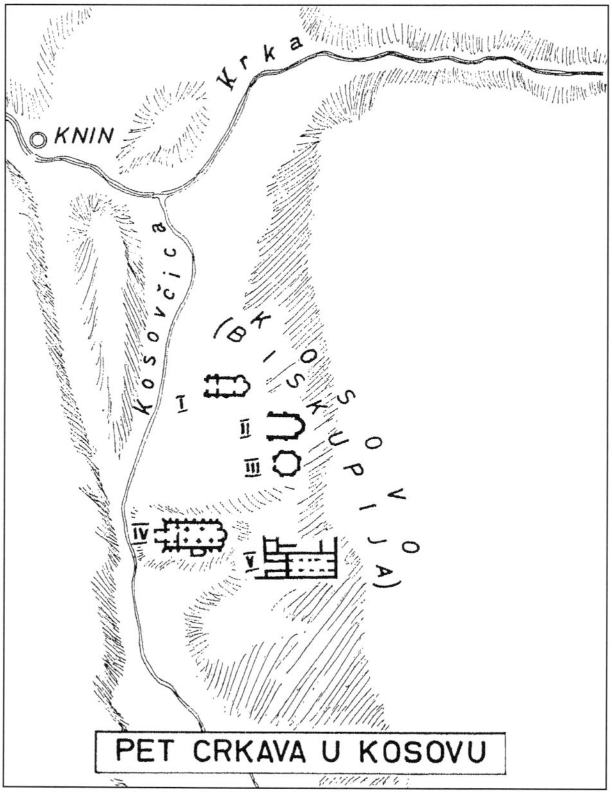

Abb. 16: Die fünf Kirchen im Kroatischen Kosovo bei Knin (GUNJAČA, Stjepan, 154, Karte VII.)

2.3.8.3. Die fünf Kirchen bei Knin (Dalmatien)

Eine weitere Anlage von fünf Kirchen befand sich im kroatischen Kosovo, im heutigen Biskupija bei Knin. Vgl. die Abb. 16. Ihr Name ist in der „Historia Salonitanorum“ des Thomas Spalatensis archidiaconus bezeugt: *in loco, Illyrica lingua appellato Cossouo, ubi dicitur locus Quinque Ecclesiarum.* Im Letopis Popa Dukljanina heißt es: *ad quinque ecclesias in campo, qui Cossovus nuncupatur;* kroat.: *u petih crikvah u Kosovi.*[71] Hier wurde 1089 der kroatische König Zvonimir (verheiratet mit Ilona, der Schwester des ungarischen Königs Ladislaus) ermordet und Kroatien fiel an die Unga-

[71] ŠIŠIĆ 1928, 413.

rische Krone, der es bis 1918 angehörte. Die Objekte I und II zeigen die Grundmauern zweier in der Mitte bzw. in der zweiten Hälfte des 9. Jahrhunderts erbauten Kirchen. Das oktogonale Fundament (Objekt III) einer frühmittelalterlichen, vorromanischen Kirche (ursprünglich ein Baptisterium?), die im 18. Jahrhundert zerstört wurde, ist bislang unerforscht, da darauf eine orthodoxe, der Hl. Dreifaltigkeit geweihte Kirche steht. Objekt IV ist eine dreischiffige in der zweiten Hälfte des 9. Jahrhunderts erbaute, der hl. Cäcilia geweihte Basilika, Objekt V, die Marienkathedrale, wurde in der ersten Hälfte des 9. Jahrhunderts erbaut und vermutlich entweder vom Bischof von Tenin (Knin) oder Split geweiht.[72]

Camillo REUTER (1962, 197) hat aufgrund eines Hinweises von György GYÖRFFY den Namen erstmals erwähnt. Den Ort hat er jedoch irrtümlicherweise in das albanische Kosovo verlegt, „unweit des Zusammenflusses des Weißen und Schwarzen Drin, wo es die Prefektur Kosova Albaniens gab, die alte Heimat des antiken Christentums".

2.4. Pécs

Heutiger Name der Stadt in Südungarn am Südhang des Mecsek-Gebirges, Verwaltungssitz des Komitates Baranya, Bistumssitz.

Die Beschäftigung mit dem Namen *Pécs* reicht bis in das späte Mittelalter zurück und bot eine Fülle von Deutungsvarianten, ohne dass sich eine eindeutige Lösung abzeichnete. Eine solche kann es auch nach dem derzeitigen Kenntnisstand noch nicht geben.

Auch hier wird, wie im Abschnitt *Quique Basilicae,* an die Veröffentlichung von Antal KLEMM aus dem Jahre 1935 angeknüpft, in der die Forschungsergebnisse über den ON *Pécs* bis zu diesem Zeitpunkt zusammengefasst wurden. Darüber hinaus werden die späteren Veröffentlichungen in gebührender Weise kritisch besprochen, zumindest erwähnt, selbst wenn manche nicht einmal dem Forschungsstand der Zeit ihrer Veröffentlichung entsprachen.

2.4.1. Die wichtigsten hist. Belege

1) a. 1093: *ex quibus una Peuche ecclesiastice sedis ecclesia propriorum pastorum illicita vicissitudine turbatur*[73] (eine Urkunde des Königs Ladislaus; vgl. Josephus KOLLER /1782, 172/, zit.: KLEMM 12; GYÖRFFY 1966, 357). Nach Lesart GYÖRFFYS: *Penthe ! ecclesiastice* sedis (ebd.).[74] Vgl. noch 2.4.5.1.

2) a. 1190: *ea, que in iam enarratis articulis et in alys Peuche ecclesiastice sedis Episcopo et ecclesie sancte sunt nostris progenitoribus sanctis feliciter ordinati,*

[72] Mitteilungen von Dr. Maja PETRINEC, Muzej hrvatskih arheoloških spomenika, Split; und Dr. Tomislav SEPAROVIĆ, Knin.

[73] [von jenen Orten der eine, Peuche, dessen Kirche des bischöflichen Sitzes in verbotener Weise gestört wurde]

[74] Nach fernschriftlicher Auskunft des Historikers Dr. Pál FODOR gibt GYÖRFFY mit der Anfügung eines *!* seine eigene (nach ihm korrekte), von dem Beleg in der genannten Quellenausgabe abweichende Lesart an.

statua et condonata...[75] (nach GYÖRFFY, ebd.: *Penthe ! ecclesiastice* sedis) (eine Urkunde des Königs Béla III., vgl. Josephus KOLLER 1782, 303, zit.: KLEMM 13).
3) a. 1211: *Pechy* servus (A Tihanyi Apátság Története. S. 505).
4) um a. 1290: de partibus *Peechiensibus* (GYÖRFFY 1966, 357).
5) um a. 1290: Ponch villicus de *Peech* (ebd.).
6) a. 1295: Jo. Latinus f. Gebarth civis *Peechyensis* (WENZEL, Gusztáv: Árpádk. Új Okmt. XII. 540, zit.: GYÖRFFY 1966, 358; KLEMM 12).
7) a. 1297: civis de *Peech* (GYÖRFFY ebd.).
8) 1320: Conv[entus] mon[asteri]i Waradiensis prope *Peech* (GYÖRFFY ebd.).
9) a. 1742: *Pecz ou les 5 Eglises* (vgl. 2.4.7.3.).
10) a. 1786: *Péts* (KORABINSKY 186).
11) a. 1799: *Pécs* (VÁLYI 39).
Weitere Belege siehe GYÖRFFY 1966, 356ff.; CSÁNKI 463ff.; vgl. auch 2.4.8.

2.4.2. Deutungen des Namens Pécs

2.4.2.1. Zum Heiligennamen Petrus

Für den hist. Beleg *Peuche* (der noch im Abschnitt 2.4.5., Zur Graphophonemik der hist. Belege, besprochen wird) liegen zwei Deutungsvarianten vor: Antal KLEMM (13f.) deutet ihn als die Koseform von *Petrus* (gemeint ist der hl. Petrus): *Petü, Pêt + cse* [tʃɛ] Diminutivsuffix = ‘Peterchen’. Für die Diminuierung von PN führt er mehrere Analogien an (KLEMM 14ff.). Der Name des hl. Petrus, des Schutzheiligen der Bistumskirche und des Bistums soll diminuiert auf die Stadt übertragen worden sein. Gyula DÉCSY (1982, 108) schlägt ebenfalls diese Deutung vor, ohne jedoch auf KLEMM Bezug zu nehmen. Der Kosename soll wegen seiner lautlichen Ähnlichkeit von der slawischen Bevölkerung mit *pet*, slaw. ‘fünf’, in Verbindung gebracht worden sein, woraus *Quinque Ecclesiae* und *Fünfkirchen* sekundär entstanden.

Die „gravierende Schwäche“ dieser Deutung ist nach István KNIEZSA (1962, 327), der sich auf Antal KLEMM bezog, die Annahme von Kosenamen für Heilige, was im Ungarischen unvorstellbar ist. Außerdem setzte die Mode, ON nach dem Schutzheiligen der Kirche zu benennen, erst ab dem 13. Jahrhundert ein. In der Árpádenzeit wurden nicht nur die Heiligen, vgl. *ſzent peter urot* (Akk.) ‘den Herrn St. Petrus’ (ÓMOlv. 70), sondern auch das Kruzifix mit Herr tituliert. Vgl. die ON mit dem GrW *-keresztúr* (kereszt ‘Kreuz’, úr ‘Herr’) ‘der Herr am Kreuz’, z. B. *Almáskeresztúr, Kiskeresztúr*.[76]

---

[75] [jene, die schon in früher erwähnten Schriften als Peuche, als bischöflicher Sitz der heiligen Kirche von unseren heiligen Vorfahren bestimmt, festgelegt und geschenkt wurde ...] – Das auslautende *-e* in *Peuche* dieses Belegs (siehe oben) wird von B. NÉMETH als lat. Genitiv *(-ae)* angenommen. Selbst wenn dieses *-e* mit dem lat. Genitiv zusammenfällt, ist nicht bewiesen, dass es im Nominativ fehlen würde. (NÉMETH B. Pécs és Baranyára vonatkozó kéziratai, V. köt. Pécs városi levéltárában. [Die sich auf Pécs und Baranya beziehenden Handschriften von NÉMETH B., Bd. 5 im Archiv der Stadt Pécs.]. Vgl. KLEMM 13, Fußnote 27.)
[76] FNESz.[4] 1: 71.

2.4.2.2. Zum Volksnamen der Peucini

Eine weitere Deutungsvariante für *Peuche* ist die Herleitung des ON vom Volksnamen der *Peucini* von den zwei italienischen Gelehrten der Renaissance, Petrus RANZANUS und Antonius de BONFINI. Es ist möglich, dass für ihre Deutung die Belege 1) und 2) dienten. Jedenfalls ließ der verschollene Originalbeleg mehrere Lesarten zu, wovon im Abschnitt 2.4.5., Zur Graphophonemik der hist. Belege, die Rede sein wird. Es ist anzunehmen, dass sie als Historiographen Ungarns mit den einschlägigen ungarischen Urkunden vertraut waren. Wenn *Peuche* die Vorlage war bzw. so gelesen wurde, dann wurde *ch* zu *c* umgestaltet und dem Volksnamen angeglichen, was an der Lesart nichts ändert, denn in den ostromanischen Sprachen (italienische, rumänische) und auch in der ostromanischen Aussprache des mittelalterlichen Lateins hatte <*c*> den Lautwert [tʃ], der auch dem <*ch*> des hist. Belegs *Peuche* in der damaligen ungarischen Schreibtradition zukommt.

Antal KLEMM wertet die Ableitung des Namens durch die beiden italienischen Humanisten nicht ohne Grund als Volksetymologie. Wahrscheinlich konstruierten sie als Kenner der antiken Geschichte aufgrund der visuellen Ähnlichkeit (der Schreibung) der beiden Namen einen etymologischen Zusammenhang.[77]

Der Name *Peuce* wird in der antiken Geographie als Insel im Donaudelta nahe der Donaumündung in der heutigen Dobrudscha erwähnt und wird von griech. *πευκη* 'Pinie' abgeleitet. Seit dem 2. Jahrhundert v. Chr. und in den ersten Jahrhunderten danach siedelten dort, zwischen der Donau und dem Dnjepr, die Bastarnen, angeblich ein germanisch-keltischer Stamm, nach Tacitus vermischt mit Sarmaten, nach Strabo mit Thrakern, die man *Peucini* nannte. Von den Goten bedrängt, wurden sie von Kaiser Probus († 282) auf die rechte Seite der Donau gesiedelt. Die Bastarnen (Peucini) und Karpen waren Nachbarvölker nördlich der Donau, sie wurden beide von den Goten verdrängt und hatten nach der rechtsdanubischen Umsiedlung der Karpen wahrscheinlich auch im neuen Siedlungsgebiet südlich der Donau Kontakt.

Es gibt keinen historischen Hinweis, dass von den Römern auch Peucini nach Pannonien umgesiedelt wurden. Außerdem gibt es eine sprachliche Unstimmigkeit: Das *c* ihres Namens wurde zur Zeit ihrer Umsiedlung im Lateinischen noch als *k* ausgesprochen, wovon sich Pécs nicht ableiten lässt.

---

[77] „Baranyiensis (Comitatus) multis, fertilibusque exornatus vicis est, et in eo Peuce, Civitas opulenta, et nobile totius regionis Emporium a veterum Peucinorum reliquiis aedificata, quam nunc a quinque Sacris aedibus Quinque-Ecclesias Urbem cognominant" [Das Komitat Baranya schmückten viele fruchtbare Siedlungen, von diesen wurde Pécs, eine reiche Stadt und berühmter Marktflecken der ganzen Umgebung, von den Nachfahren der Peucini gegründet und jetzt nach seinen fünf heiligen Kirchen Quinque-Ecclesiae benannt.] (RANZANUS, Petrus (1428–1492): Epitome Rerum Ungaricarum. Ed. 1558; zit. KLEMM 13.) – „Baranyiensis Conventus multis fertilibus vicis exornatus, in quo Peuce Civitas opulentissima, à Peucinorum reliquiis aedificata: quam nunc a quinque Basilicis, Quinque-Ecclesiensem Urbem vocant ... Peuce a Peucinis Sarmatorum populis condita" [Die Bewohner von Baranya haben viele fruchtbare Siedlungen vorzuweisen, unter denen Peuce die reichste Stadt ist; diese wurde von den Nachfahren der Peucini erbaut; sie wird jetzt nach ihren fünf Basiliken Stadt der Fünf Kirchen (Quinque Ecclesiae) genannt. ... Peuce wurde von den Peucini, einem sarmatischen Volk, gegründet.] (BONFINI, Antonius de (1427–1503): Rerum Ungaricarum decades [...] Ed. 1568; zit. KLEMM 13.)

2.4.2.3. Herleitungsversuche aus dem Slawischen

Nachdem schon in der vorkarolingischen Zeit ein slawischer Bevölkerungsanteil in Pécs und dessen Umgebung nachgewiesen ist und sich das Slawische im Laufe des 9. und 10. Jahrhunderts immer mehr durchsetzte, hält die Herleitung des Namens aus dem Slawischen auch heute noch. Von manchen Forschern wird er zu slaw. *petь* 'fünf', von anderen zu 'Ofen, Kalkofen, Herd, Höhle' oder zu 'alleinstehender Fels, Felswand' gestellt. Im Einzelnen:

2.4.2.3.1. Zu slaw. 'fünf'

Man ging davon aus, dass es neben *Fünfkirchen* auch eine slawische Übersetzung der lateinischen *Quinque Basilicae* oder *Quinque Ecclesiae* gegeben hat. Es wurde ein **Pêt crkva, *Pēt' i kostole* angenommen, woraus nach Subtraktion des zweiten Wortes, *crkva* bzw. *kostole* das ung. *Pécs* entstand. Nach Antal KLEMM (9) ist dies „heute die verbreitetste Deutung", vertreten u. a. von Miklós OLÁH (1536); Sámuel HORVÁTH (1776); István SZALÁGYI ([SALAGIUS] 1780); Georgius PAPANEK (1783); Mihály HAAS (1845); Elek FÉNYES (1851) und Pál HUNFALVY (1894).

János MELICH (1900, 509f.) ging von der irrtümlichen Annahme aus, dass 'fünf' im Urslawischen **pęčь* lautete, wovon er *Pécs* ableitet. Diese Deutung wurde von Oszkár ASBÓTH (117) widerlegt und János MELICH vertrat sie in späteren Veröffentlichungen nicht mehr. Vgl. dazu 2.4.2.3.5., 2.4.2.5.

2.4.2.3.2. Zu slaw. 'Ofen, Kalkofen'

K. NYERS stellt *Pécs* und *Bécs* (Wien) zu slaw. *pets* (ung. Schreibung) [pɛtʃ] 'Ofen' (vgl. KLEMM 10). Von Camillo REUTER (1960, 255–269) wird der Name von slowen. bzw. kajkawisch *peč(e)* [pɛtʃ(ɛ)] 'Ofen' abgeleitet, wobei von der Besiedlung von Slowenen und/oder kajkavisch sprechenden Kroaten in der Region ausgegangen wird. Alternativ wird von ihm eine altrussische Herkunft erwogen, die durch awarische, kabarische oder sonstige turksprachliche Vermittlung in den Raum kam. Im FNESz.[4] 2: 328 wird die gleiche Deutung bevorzugt, wobei auch 'Felshöhle' erwogen wird. „Manche denken an einen türkischen Bezug und verweisen auf kumanisch *päč* < altruss. печь 'Ofen'" (ebd.). István KNIEZSA (1962, 327f.) hält diese Deutung für abwegig, denn dies würde voraussetzen, dass im Altrussischen der Lautwandel [ţ] > [tʃ] bereits im 6. Jahrhundert vollzogen war, was völlig unwahrscheinlich ist. Die Herleitung aus dem Slowenischen bzw. Kajkawischen wird von István KNIEZSA ebenfalls verworfen. Dazu vgl. 2.4.2.3.5.

In Pécs sind in der Tat für das 7.–9. Jahrhundert Kalkbrennereien nachgewiesen, die die Kalksteine, das Baumaterial römischer Ruinen, brannten.[78] In Anbetracht der

[78] Mündl. Auskunft von Gábor KÁRPÁTI, Janus Pannonius Múzeum, Pécs.

Holzbauweise der Slawen wäre nach der Bedeutung des gelöschten Kalks zu fragen. Wenn er nur zur Beschichtung, zum Weißeln der Wände gebraucht wurde, waren es, gemessen an der Zahl und Größe der damaligen Häuser oder Behausungen sowie der Siedlungen, bestimmt keine großen Mengen, die benötigt wurden. Es ist daher kaum vorstellbar, dass die Kalkbrennereien ein markantes Merkmal für die primäre Benennung des Ortes abgeben konnten.

2.4.2.3.3. Zu slaw. 'Höhle'

Zu slowen. *pę̂ča* 'Felshöhle', vgl. *Peča,* ON (FNESz.[4] 2: 328). Nach János MAKKAY (2007[2], 57) könnte sich das Wort (*Pêć, Pèćine*) 'Höhle' in der Sprache der bulgaroslawischen Bevölkerung, die es hier bereits in awarischer Zeit gab, auf die Grabkammern bzw. Katakomben in Pécs beziehen.

2.4.2.3.4. Zu slaw. 'Fels'

Samu BOROVSZKY (73) leitet *Pécs* von slaw. *peč* 'Fels' ab. Er verweist darauf, dass es mehrere geogr. Namen gibt, die mit 'Fels' zusammenhängen: *Pécs* 'Berg' in den Komitaten Varasd und Zágráb (heutiges Kroatien), *Pécskő* im Komitat Nógrád.[79]

2.4.2.3.5. Pécs keine slawische Originalbenennung

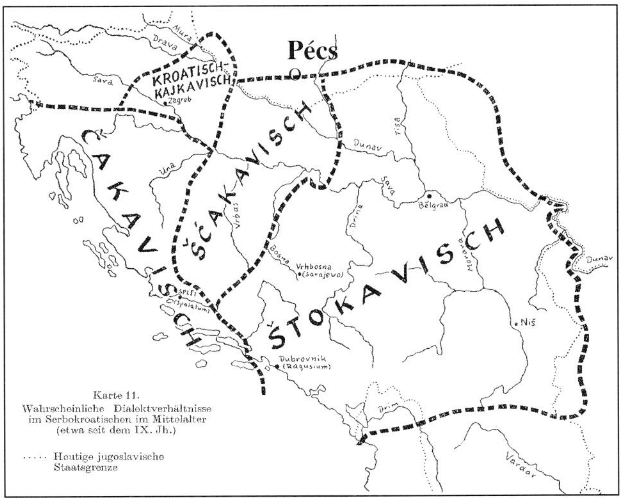

Abb. 17: Wahrscheinliche Dialektverhältnisse im Serbokroatischen im Mittelalter, etwa seit dem IX. Jahrhundert (POPOVIĆ 372, Karte 11.)

Die Herleitung aus dem Slawischen wird bereits von Paulus AIGL (163) infrage gestellt. Namhafte ungarische Sprachwissenschaftler schließen die Ableitung des Namens aus dem Slawischen ebenfalls aus. Es wurde unter 2.4.2.3.1. darauf hingewiesen, dass nach Oszkár ASBÓTH im Urslawischen **pętь* [pẽt̯] < **pęk·tis* für 'fünf' lautete, woraus *Pécs* keinesfalls entstehen konnte, und dass MELICH seine Ansicht später geändert hat (vgl. 2.4.2.5.). István KNIEZSA (1962, 326–329) verwirft ebenso die mit 'fünf' zusammenhängenden Deutungsversuche aus

[79] Die Bed. 'Fels' (slowen. und kroat.) ist wohl sekundär ('Backhöhle' > 'Felsdurchlass, -spalt, Fels'); vgl. Ofen in der dt. Namengebung, z. B. Salzachöfen in Salzburg (Hinweis von Prof. Dr. Peter WIESINGER, Wien).

dem Slawischen. Im Falle einer Entlehnung vor dem Schwund der Vokalnasalierung im Slawischen, d. h. vor dem 11. Jahrhundert, wäre durch Substitution des nasalierten Vokals durch den Oralvokal + *n* ein ung. orthogr. **Penty* [pɛnţ] zu erwarten gewesen.[80] Auch in der Ableitung des Namens von slowen. oder kajkav. **Peč(e)* '(Kalk)ofen' sieht er in zweifacher Hinsicht lautliche Probleme: Erstens war Pécs und Umgebung in der Anfangszeit von Serben und Kroaten besiedelt, in deren Mundarten 'Ofen, Kalkofen' *peć(e)* [pɛţ(ɛ)] (mit palatalisiertem *t*) hieß, das ebenso ins Ungarische als **Pety* [pɛţ] übernommen worden wäre. Zweitens war im Slowenischen im 10. Jahrhundert der Lautwandel [ţ] > [tʃ] noch nicht vollzogen, d. h., auch im Falle einer slowenischen Besiedlung hätten die Ungarn ein **peć (*Pety)* übernehmen müssen. Auch nach Ivan POPOVIĆ (372, ferner 358, 448) war das Kajkavische im 10. Jahrhundert nur in Westkroatien verbreitet. Für die südliche Baranya gibt er einen šćakavischen Dialekt an. Vgl. dazu die Abb. 17.

2.4.2.4. Zu 'fünf' anderer Sprachen

Johann Matthias KORABINSKY (1786) und Imre PALUGYAY (1853) leiten den Namen von griech. *πέντε* ab, István KATONA (Historia Critica regum Hungariae stirpis mixtae. Tom. III. Budae, 1790, 159) sieht in ihm den Volksnamen *Peucini* (dazu siehe 2.4.2.2), oder slaw. *pet*, oder griech. *πέντε*. Géza NAGY stellt ihn zu einer awarisch-türkischen Sprache (in einer tatarisch-altaischen Sprache wird 'fünf' angeblich **pes* [pɛʃ]? bezeichnet). (Vgl. KLEMM 12). Auch nach Dezső SIMONYI (1959, 102) wäre der Name *Pécs* korrekterweise von der Sprache eines bereits zur Zeit der Landnahme hier lebenden Turkvolkes abzuleiten, in der **beš* [bæʃ]? 'fünf' bedeutet. Da nach ihm nichts darauf hinweist, dass die Awaren oder die Hunnen zu diesem Zeitpunkt noch existiert haben, denkt er an eine Sprache der frühen Bulgaren, die seit dem 5. Jahrhundert in Transdanubien nachgewiesen sind. Obwohl sprachwissenschaftliche Kriterien dem entgegenstünden, weil im Tschuwaschischen **beš* 'fünf' nicht belegt ist, vermutet er, dass sich im Namen *Pécs* die Kardinalzahl 'fünf' einer Turksprache verbirgt, die parallel zum lateinischen Namen fortlebte.

Es wird nichts darüber gesagt, durch welchen lautgesetzlichen Entwicklungsprozess einer dieser Namen die Lautform *Pécs* ergab. Höchstwahrscheinlich wäre er nicht die Lehnübersetzung eines lat. **Quinque (Basilicae)*. Dies würde voraussetzen, dass es einen ON **Quinque* als Simplex gegeben hat und dass dieser von dem betreffenden Volk (Awaren oder Bulgaren) verstanden wurde. Aus phonologischen Gründen schließe ich eine Lehnübersetzung, wie sie oben angenommen wird, grundsätzlich aus.

Von den Namen für 'fünf', die die Turkologie bietet: Alttürkisch *beš, biš*, Bulgarisch (Türkisch) *bèḫ* < Urtürkisch *bèl'ik* (ХАКИМЗЯНОВ 49), Tschuwaschisch *pillĕk* (MENGES 98), kann *Pécs* nicht abgeleitet werden. Ein *pes* [pɛʃ, pæʃ]? mit anlautendem *p* ist nicht belegt. Wäre eine der vorgenannten einsilbigen Formen die Vorlage für *Pécs*, würde die

[80] Vgl. oben 2.4.5. Zur Graphophonemik der hist. Belege.

Stadt heute **Beš, *Bäš* [bɛʃ, bæʃ] o. ä. heißen. Das stimmhafte *b* wäre von den Ungarn unverändert übernommen worden. Auch die Voraussetzung für den Wandel des Stammvokals war nicht gegeben, denn es fehlte die Nebensilbe, deren Apokope zum Mittelungarischen hin die Ersatzdehnung und den höheren Öffnungsgrad des Vokals der Stammsilbe ([ɛ] > [e:] kurz, offen > lang, geschlossen) zur Folge gehabt hätte. Außerdem müsste der Lautwandel *š* > *č* (ung. <*s*> → <*cs*>) erklärt werden. Weiteres dazu siehe 2.4.4.

Der in *Pécs* geborene türkische Historiker *Ibrahim Peçevi* bringt den Namen mit pers. *penc* [pændʒ] 'fünf' in etymologischen Zusammenhang: *„penc kiliseden ibaretdür"* 'aus fünf Kirchen bestehend' (FODOR 110f.) Wie im folgenden Abschnitt expliziert wird, hat er für die Herleitung des Namens das richtige Gespür gehabt.

2.4.2.5. Zu 'fünf' einer nicht näher erschließbaren idg. Sprache

Für MELICH und KNIEZSA sind alle bisherigen Deutungsversuche unbefriedigend. MELICH (1925, 413) gibt (im Gegensatz zu seiner ursprünglichen Deutung, vgl. MELICH 1900, 509f. sowie 2.4.2.3.1.) in bescheidener Weise folgendes an: „Die Herkunft des Namens Pécs kann ich nicht deuten, jedoch kann ich mich nicht von dem Gedanken befreien, dass dieser Name das Andenken der Kardinalzahl 'fünf' einer indogermanischen Sprache sei."[81]

István KNIEZSA (1962, 326ff.) schlägt in der Deutung des Namens Pécs die gleiche Richtung ein. Er setzt voraus, dass der lateinische Name [Quinque Basilicae] schon im 4. Jahrhundert, also schon vor der Hunnenzeit entstand, dass der Ort auch in den späteren Jahrhunderten kontinuierlich bewohnt war und folglich auch immer einen Namen hatte, den die Ankömmlinge stets übernommen haben. Jeder Versuch, den Namen aus einer Sprache der nach dem Ende der Römerzeit hierher gewanderten Völker (Slawen, Awaren, Türken, Ungarn) herzuleiten, ist von vornherein zum Scheitern verurteilt, weil er auf unsichere Annahmen setzt. Er muss begründen, warum das betreffende zugewanderte Volk den ON der ansässigen Bewohner nicht übernommen hat. Ferner muss er die Lautfolge *p-é-cs* des neuen Namens deuten. In mehreren Fällen gibt es keinen Zusammenhang zwischen den Benennungen für ein und denselben Ort (z. B. *Sopron ~ Ödenburg, Pozsony ~ Pressburg, Ragusa ~ Dubrovnik*). In den meisten Fällen gibt es bei Parallelbenennungen jedoch einen semantischen Zusammenhang.[82] Im Falle Pécs, der derart große Probleme bereitet, sind wir angehalten, von einem solchen Zusammenhang auszugehen. Diese bisherigen Verfahrensweisen „haben immer zweifelhafte Ergebnisse erbracht, denn sie sind mit einer Gleichung mit mehreren Unbekannten vergleichbar, die man bekanntlich nicht lösen kann", so István KNIEZSA, und weiter: „Ich gehöre also auch zu jenen, die im Namen *Pécs* das Numerale 'fünf' vo-

---

[81] „Pécs nevének eredetét nem tudom megfejteni, de nem tudok szabadulni attól a gondolattól, hogy e név valamely indogermán nyelv 'öt' jelentésű rendszámnevének az emléke."

[82] KNIEZSA 1944, 3ff., 35ff., bes. 43ff. Seine Studie „A párhuzamos helynévadás" gilt mit einer Fülle von Beispielen aus dem Karpatenraum und aus Böhmen sowie mit der Behandlung der Problematik der Mehrfachbenennung als Standardwerk der Namenkunde.

raussetzen, wie unlängst auch János MELICH (HonfMg. 413). Nach obiger Darlegung ist jedoch klar, dass dieses ‘fünf’ bedeutende Wort weder slawisch noch türkisch sein kann. Das Wort kann nur der Sprache der Ureinwohner vor der Völkerwanderungszeit angehören. Ob es Thrakisch oder Illyrisch ist oder einer anderen Sprache angehört, ist heute leider noch allzu ungewiss.“ KNIEZSA gibt jedoch zu beachten, dass im Albanischen, das von einer dieser Sprachen (nach ihm wahrscheinlicher vom Thrakischen) hergeleitet wird, *pęsë* ‘fünf’ bezeichnet. Die zweifache Benennung der Stadt ist nach ihm damit zu erklären, dass *Quinque Basilicae* von den lateinischsprachigen Bewohnern verwendet wurde, die Bewohner einer anderen Sprache haben einen Namen ihrer Sprache gebraucht, der ebenfalls ‘fünf’ bedeutete (KNIEZSA 1962, 329). Sein Hinweis auf das Albanische verdient jedoch besondere Anerkennung, weil in der Zeit der Erscheinung seiner Abhandlung Albanisch irrtümlicherweise noch als Abkömmling des westbalkanischen Illyrischen galt. Heute sieht man im Albanischen ostbalkanische Wurzeln, thrakisch-dakische und auch rumänische Gemeinsamkeiten.

Die weitsichtige Argumentation des herausragenden Slawisten István KNIEZSA ist von der späteren Forschung überhaupt nicht beachtet worden. Einen Grund sehe ich darin, dass die Beschäftigung mit dem Namen *Pécs* in den letzten Jahrzehnten zu Gunsten der lateinischen ON vernachlässigt wurde. Deren Erforschung war und ist bis heute eine Domäne der Archäologen. Es schien so, als hätte die Sprachwissenschaft die Problematik als abgehandelt betrachtet.

Obwohl es über die Existenz und die Herkunft eines seit Beginn des 4. Jahrhunderts um Pécs siedelnden nichtrömischen und nicht lateinischsprachigen Ethnikums, des Volkes der Karpen, schon seit jeher ausreichende historische Informationen gab (vgl. 2.1.1.), hat man es versäumt, nach dessen Sprache zu fragen. Und statt vage Vermutungen anzustellen, hätte man gezielt der Frage nach der möglichen Herkunft des Namens *Pécs* aus dieser Sprache nachgehen sollen.

Außer dem historischen Nachweis bieten die Vergleichende Sprachwissenschaft und die Archäologie inzwischen eine weitere Materialfülle und neue Erkenntnisse, die die Vermutung weiter erhärten, in dem nicht lateinisch sprechenden Volk um *Pécs* das Volk der Karpen[83] zu sehen. Wer waren die Karpen, welche Sprache sprachen sie?

2.4.3. Die Karpen

2.4.3.1. Heimat der Karpen

Nach vorherrschender Meinung sind die Karpen ein den Dakern zuzuordnender eigenständiger Volksstamm, deren bedeutende Volksteile seit dem Ende des 3. Jahrhunderts in Pannonien siedelten. Sie sind in der Antike historisch mehrfach bezeugt. In den griechischen Quellen wurden sie *Κάρποι*, auch *Καρποδάκαι*, von den Römern *Carpi*

---

[83] Nach RUSSU (1995, 161) sind die Karpen „ein thrakischer Stamm, der wahrscheinlich näher mit den Geto-Dakern als mit anderen Thrakergruppen verwandt ist.“

genannt. Ihre Heimat befand sich östlich der Karpaten und westlich des Dnjestr, in den Tälern der Flüsse Pruth und Sereth, in einem von den Römern nicht besetzten Gebiet. Inwiefern der Volksname der Karpen mit den Karpaten zusammenhängt, bedarf noch der Klärung.[84] Dass die Karpaten vom Namen der Karpen abzuleiten seien, ist undenkbar, das Umgekehrte ist nicht auszuschließen.

Seit Beginn des 3. Jahrhunderts standen die Karpen mit den Römern in wechselvollen kriegerischen Auseinandersetzungen. Sie beteiligten sich wiederholt mit anderen Volksstämmen, vor allem mit den Goten, an Einfällen in Dakien, das schließlich um 272 n. Chr. von den Römern geräumt wurde. Sie überquerten mehrfach die Donau nach Moesien und Thrakien, wo sie plünderten und zerstörten. Schließlich wurden sie von den Römern entscheidend geschlagen, von Kaiser Aurelian zur Deditio gezwungen und auf römisches Gebiet südlich der Donau angesiedelt (Vgl. ZECCHINI 119). Auf Anordnung Diokletians wurde ein bedeutender Teil der Karpen um 295 (nach anderen Angaben um 297) nach Pannonien (Valeria) verbracht. Weitere Volksteile verblieben auf dem Balkan. Es sollen jedoch Reste der Karpen nördlich der Donau zurückgeblieben sein, die in historischen Quellen als Verbündete der Hunnen und Skiren erwähnt werden.[85] Von manchen Wissenschaftlern wird angenommen, dass die Karpen an der Ethnogenese der Albaner einen bedeutenden Anteil haben.[86]

Die Archäologie (BICHIR, RUSSU) bemüht sich seit Jahrzehnten, die Sachkultur der Karpen in ihrem ursprünglichen Gebiet von anderen Kulturen abzugrenzen und auch auf Einflüsse benachbarter Völker auf die Karpen hinzuweisen.

2.4.3.2. Die Karpen und andere Ethnien in Pannonien

Über die Ansiedlung der Karpen in Pannonien, im Besonderen um Pécs, gibt es eindeutige historische Angaben (vgl. den hist. Beleg oben 2.1.1.,6 Ammianus Marcellinus /330–397/ 28,1,5). Darüber hinaus wird ihre Anwesenheit von der ungarischen Archäologie mehrfach bestätigt.

Der Archäologe Endre TÓTH, der an den Ausgrabungen der im 4. Jahrhundert bestandenen römischen Festung und des dazu gehörenden Gräberfeldes in Alsóhetény maßgeblich beteiligt war, berichtet von zwei kontinuierlichen Bestattungsriten in ein und demselben Gräberfeld in der ersten Hälfte des 4. Jahrhunderts.[87] Neben den Skelettgräbern aus Backstein der provinzialen Bevölkerung gab es seit dem Ende des 3. Jahrhunderts ein großangelegtes Gräberfeld von Brandgräbern mit Grabbeigaben (eiserne

---

[84] Für die Deutung der Karpaten bietet sich nach Jürgen UDOLPH (2000, 317–318), der das Wort ausführlich behandelt, albanisch *karpë* 'Fels, Klippe' an, das sowohl aus wortgeographischen wie semantischen Gründen überzeugt: alban. *karpë, karmë* (< **karp-n-*) 'Fels, Klippe' wird weiter verbunden mit *krεp, škrep* 'Fels, fester Sandstein', auch 'Abhang', weiter mit lit. *kerpù* 'schneide', norw. *skarv* 'nackter Fels', mhd. *schrove, schrof, schroffe* 'Felsklippe, Steinwand', dt. *scharf* u. a. m. und letztlich von der idg. Wurzel **(s)kerp/(s)krep-* 'schneide' abgeleitet.

[85] Vgl. PAULY-WISSOWA Realencyclopedie 3: 1608f. Carpi.

[86] RUSSU 1995, 161f.

[87] Der Übergang zur Körperbestattung in der zweiten Hälfte des 4. Jahrhunderts wäre mit der Annahme der provinzialen Bestattungsriten und vielleicht auch mit der Bekehrung zum Christentum zu erklären.

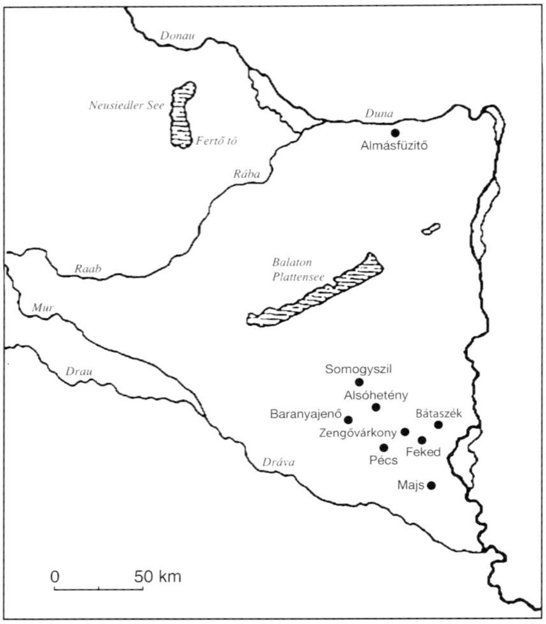

Abb. 18: Karpische Fundorte in der Provinz Valeria (TÓTH 2005, 369)

Messer, Scheren sowie Bruchteile einer nicht bodenständigen, spätrömischen Keramik). Diese Bestattungsart im 4. Jahrhundert sowie die übrigen Funde waren zweifelsfrei bei den nichtprovinzialen Siedlern üblich, die nach Endre TÓTH nur die Karpen sein konnten. Zsolt VISY (2009) weist jedoch darauf hin, dass auch den Wandalen und anderen germanischen Völkern die Brandbestattung eigen war.

In einer weiteren, 2005 erschienenen Studie über die Karpen in der Provinz Valeria behandelt Endre TÓTH (363ff.) auf breiter Grundlage die zuerst am Anfang des 4. Jahrhunderts von den Karpen (Gruppe I) und hundert Jahre später von Zuwanderen in der Hunnenzeit (Gruppe II) eingeführte eingeglättete Keramik. Besondere Anerkennung verdient, dass er mit der Zusammenfassung und Kartierung der Fundorte von Brandgräbern aus dem 4. Jahrhundert ein deutliches Bild karpischer Besiedlung in der südlichen Hälfte der Provinz Valeria bietet. Dazu siehe Abb. 18.

Zsolt VISY (1994, 425) weist auf Unterschiede in der Bauweise der Häuser hin. Bei der provinzialen Bevölkerung setzte sich nach italischem Vorbild bereits gegen Ende des 2. Jahrhunderts die Steinbauweise durch. Dagegen gab es Siedlungen aus dem 4. Jahrhundert „mit in die Oberfläche eingetieften Pfostenhäusern mit Lehmbewurf" u.a. um den Plattensee, die den Karpen und anderen barbarischen Völkerschaften zuzuordnen sind. Anzumerken sei, dass die gleiche Bauweise damals auch in Dakien üblich war.

Ein weiterer, früherer Fund von Szilvia HONTI und Katalin WOLLÁK unweit der Festung von Ságvár betrifft Gräberbeigaben, die zum Teil ebenfalls von der spätrömischen Keramik abweichen. Dazu gehören zwei Bruchstücke von Schalen mit so genannten dakischen Henkeln, die wahrscheinlich den Karpen zuzuschreiben sind. In der Umgebung von Pécs wurden von János DOMBAY Brandgräber aus dem 4. Jahrhundert freigelegt, die mit der von Ammianus Marcellinus erwähnten karpischen Besiedlung zusammenhängen.[88]

Die karpischen Siedler spielten bei der wirtschaftlichen Erschließung Pannoniens eine bedeutende Rolle. Die Forschung bringt den Bau des Plattensee-Donau-Kanals, Vorläufer des Sió-Kanals, die von Galerius angeordnete Sumpftrockenlegung sowie

[88] Vgl. TÓTH 1987–1988, 37.

die Bodenaufbereitung für die landwirtschaftliche Nutzung mit der Anwesenheit der Karpen in Verbindung.

Eine spezielle Begräbnisart, Schachtgräber, bedeckt mit schräg gestellten Ziegeln, u. a. auch in Sopianae, weisen auf die Anwesenheit von iranischen Völkern (Sarmaten oder Alanen) in Valeria hin, deren Ansiedlung um 335 n. Chr. erfolgte.[89]

Aus alldem kann gefolgert werden, dass es sich tatsächlich um größere karpische Volksgruppen (daneben auch mitteliranische bzw. sarmatische) in einigen Teilen der Provinz Pannonia handelt. Dies wiederum bedeutet, dass eine schnelle sprachliche Assimilation nicht für wahrscheinlich angenommen werden kann.

Für die ethnische Eigenständigkeit und Stabilität, die auch das Festhalten an der angestammten Sprache einschließen kann (jedoch nicht muss), sprechen die bereits erwähnten Grundverschiedenheiten im Bestattungsbrauch. Es gibt berechtigte Annahmen, dass die Karpen und andere, später zugewanderte bzw. von den Römern angesiedelte Völkerschaften, wenn sie auch nicht als Christen kamen, so doch nach und nach Christen wurden.[90]

Entgegen der früher vertretenen Ansicht, wonach Kaiser Gratianus um 380 Ostgoten, Alanen und Hunnen unter der Führung von Alatheus und Saphrac als Föderaten in Pannonien ansiedelte, die den Grenzschutz übernahmen, ist man heute der Auffassung, dass diese Gruppen erst nach dem Abzug der Römer und nicht als Föderate kamen. Sie haben angeblich in der Gegend zwischen Pécs und Dunaszekcső archäologische Spuren hinterlassen (schwarze, eingeglättete Keramik aus der Gegend des Schwarzen Meeres). Sie sollen Valeria verlassen haben und nach Westen gezogen sein.[91] Schließlich wurde Pannonien in den Dreißiger Jahren des 5. Jahrhunderts von Aetius vertraglich den Hunnen überlassen.

Es wird nirgends berichtet, dass auch Karpen und andere Volksgruppen östlicher Herkunft ihre nach einem Jahrhundert längst zur Heimat gewordenen Siedlungen aufgaben und mit den Provinzialrömern Pannonien verlassen haben. Dies wäre unwahrscheinlich, weil selbst Reste der Provinzialen in Pannonien zurückgeblieben sind, die erst mit den Langobarden 568 nach Ostern nach Italien abzogen. Die verbliebene verarmte Bevölkerung (einfachere Stadtbewohner und weniger oder gar kaum romanisierte bäuerliche Massen)[92] hat ihre Toten meist ohne jegliche Beigaben bestattet, ihre nähere archäologische Zugehörigkeitsbestimmung ist daher unmöglich.

Nachdem das urbane Leben weitgehend zum Erliegen gekommen ist, hat sich, wie bereits unter 2.3.6. dargelegt wurde, die verbliebene Bevölkerung um Pécs (Provinzialrömer,

---

[89] Vgl. VISY 2005, 214ff.

[90] Nach überzeugender Folgerung von Endre TÓTH (1987–1988, 60) ist Alsóhetény möglicherweise identisch mit dem im ItAnt. erwähnten Iovia, das nach seiner Vermutung auch Bischofssitz war. Ein im Mausoleum von Alsóhetény entdecktes geräumtes Grab gehörte vielleicht Bischof Amantius, dessen Reliquien bei der Räumung Pannoniens nach Italien überführt und bei Aquileia beigesetzt wurden. Nach dessen Grabinschrift in Aquileia war er über zwanzig Jahre Bischof zweier Völker („bini populi"), vermutlich im oben genannten Bischofssitz, deren eines nach TÓTH die Karpen gewesen sein könnten. MÓCSY (50) denkt an die Föderaten als zweites Volk, weil Amantius laut Grabinschrift zwei Führer zum rechten Glauben bekehrt hat, die vielleicht Alatheus und Saphrac gewesen sein konnten. Nach der oben dargelegten Auffassung über das Erscheinen der Föderaten in Pannonien wäre die Annahme MÓCSYs als überholt zu betrachten.

[91] Vgl. BÁNDI 333ff.

[92] Vgl. FITZ 1994, 1333f.

Karpen, Sarmaten und vielleicht einige nicht weitergezogene gotische und alanische Gruppen) im Laufe des 5. Jahrhunderts neu formiert. Ich möchte annehmen, dass die Karpen das bestimmende Ethnikum waren, das bis in die Zeit des Umbruchs seine angestammte Sprache noch bewahrt und mit anderen Ethnien, besonders mit den aus dem linksdanubischen Raum verstärkt zugewanderten sprachlich mehr oder weniger verwandten sarmatischen und anderen Volksgruppen die Kontinuität und Bodenständigkeit über die Zeit der Völkerwanderung bis in die Awarenzeit hinein verkörpert hat. Zu beachten ist, dass die Awaren nicht die Hauptmasse der Bevölkerung des Karpatenbeckens bildeten.[93]

Auch die von den Awaren nach Pannonien verschleppten Volksgruppen des Balkans trugen zum Erhalt der Sprachgemeinschaft bei.[94] Diese Ethnien waren in der Awarenzeit zusammen mit der verbliebenen Restbevölkerung die Träger der Variante der Keszthely-Kultur um Pécs.[95] Im Laufe der dauerhaften Koexistenz gingen sie allmählich in der awarisch-slawischen Population des 8.–9. Jahrhunderts auf, wobei sie den Ortsnamen und die Religion auf die gemeinsamen Nachkommen vererbten. Aufgrund ihres Fundgutes gilt dasselbe auch für die Bewohner von Pécs.[96] Sie und mit ihnen vielleicht auch Reste der Gepiden, die in der Conversio als noch in Pannonien ansässig erwähnt werden, waren es, die Jahrhunderte hindurch, von Rom abgeschottet, ein Christentum, mitunter von schreibunkundigen Priestern geleitet, in das 9. Jahrhundert hinübergerettet haben, das vom zeitgenössischen westlichen katholischen Christentum entfernt war.

Nach dem Sieg Pippins über die Awaren 796 versammelten sich führende Geistliche (u. a. auch Bischof Arno von Salzburg) unter der Federführung von Paulinus II., Patriarch von Aquileia (Conventus Episcoporum ad ripas Danubii /MGH I: 172ff., Urk. 20/) um Richtlinien für die Bekehrung, im Besonderen für die korrekte Durchführung der Taufe als vordringliche Aufgabe festzulegen. Die Taufe hatte nur dann Gültigkeit, wenn sie nach festgelegten Unterweisungsregeln „Im Namen des Vaters und des Sohnes und des Heiligen Geistes“ von einem theologisch durchgebildeten Geistlichen oder Kleriker vollzogen wurde. Die größte Sorge der Bischöfe war die Anwesenheit von Christen im eroberten Gebiet, die nicht trinitär getauft wurden (was auf arianische Züge hinweisen könnte). Deren Taufe musste nach den genannten Anweisungen erneuert werden.

2.4.3.3. Zur Sprache der Karpen

Von der Sprache der Karpen gibt es keine Zeugnisse. Wahrscheinlich handelt es sich um ein dakisches Idiom. Ein Grund, dakisch-karpische sprachliche Gemeinsamkeiten anzunehmen, ist die „gemeindakische“ Verbreitung der bereits bei PTOLEMAIOS aufge-

[93] Vgl. POHL 225.
[94] Vgl. POHL 92f.; SZŐKE 104ff.
[95] TÓTH (1987, 264ff.) setzt „das stärkste Weiterleben“ provinzialer Bevölkerungsteile „vor allem“ in Westtransdanubien (hier bis in das 8. Jahrhundert) voraus, woraus geschlossen werden kann, dass er deren Weiterleben in geringerem Maße auch in Ostpannonien nicht grundsätzlich ausschließt. Offen bleibt die Frage, bis zu welchem Zeitpunkt sie ethnisch noch als Nachfolger der Provinzialen betrachtet werden können.
[96] FITZ 1994, 1333; FÜLEP 1973, 323.

führten dakischen ON auf *-dava* 'Siedlung, befestigte Siedlung' vom Ostrand der Großen Ungarischen Tiefebene bis zum Donaudelta. Dieser ON-Typus wurde zusammen mit dem entsprechenden thrakischen *-para* von Ivan DURIDANOV bearbeitet und kartiert (Siehe Abb. 19.). Die Übereinstimmung schließt jedoch etwaige sprachliche Verschiedenheiten nicht aus. Aufgrund der Jahrhunderte langen unmittelbaren Nachbarschaft der Karpen mit sarmatischen Völkern im Osten oder Nordosten sind mitteliranische Interferenzen sowie thrakische Einflüsse vom Süden her vorstellbar.

Seit dem 7. Jahrhundert v. Chr. war der Nordostbalkan bis zur mittleren Donau von den Skythen, einem indoiranischen Volk, bewohnt. Zwischen den Skythen und Thrakern gab es dynastische Beziehungen und sprachliche Einflüsse. Später waren es mitteliranische Volksstämme, die unter dem Sammelbegriff Sarmaten an der mittleren Donau Nachbarn der Römer waren.

In der Abb. 20. werden von Ivan DURIDANOV wichtige Lautmerkmale des Thrakischen mit anderen idg. Sprachen verglichen. Daraus wird der enge Verwandtschaftsgrad des Thrakischen mit dem Dakischen deutlich. Noch auffallender ist, dass es zwischen dem Dakischen und dem Albanischen eine fast völlige Übereinstimmung der aufgeführten Merkmale gibt, auf die auch POPOVIĆ (82) hinweist. Dies sollte bei der kontroversen Diskussion über die ethnische und sprachliche Genese des Albanischen nicht übersehen werden.

Für die vorliegende Untersuchung ist von Belang, dass Thrakisch und Dakisch 1. (idg.) Satem-Sprachen sind und 2. idg. kurzes *e* bewahrt haben, im Gegensatz zu den indoiranischen Sprachen,[97] die ebenfalls Satem-Sprachen sind, in denen jedoch idg. kurzes *e* als *a* erscheint (vgl. ind. *panća),* das im Mitteliranischen sogar zu *o* verschoben wurde (vgl. osset. [fondz] 'fünf'). Der Lautwandel *a* > *e* im Persischen ist eine spätere Entwicklung. Vgl. auch 2.4.2.4. Das idg. kurze *e* erfuhr in den dakischen Lehnwörtern des Rumänischen die gleiche Entwicklung wie das lat. offene *ĕ,* das nach Längung zu *ie* diphthongiert wurde (vgl. REICHENKRON 181f., 198, 200). Ansätze dieser Diphthongierung gab es nach Ivan DURIDANOV (128) bereits in dakischer Zeit.

Im Gegensatz zum Thrakischen blieben im Dakischen die idg. Mediae *b, d, g* und die Tenues *p, t, k* unverschoben (DURIDANOV 127; vgl. auch Abb. 20.).

Problematisch ist nicht nur, dass die Bezeichnung des Numerale 'fünf' im Thrakischen und Dakischen nicht überliefert ist, es gibt auch kein Wortbeispiel für die Lautverbindung Nasal + idg. *k*$^{u̯}$ und keine Angaben über eine eventuelle Vokalnasalierung vor Nasalen. Eine weitere berechtigte Frage ist die der Lautqualität des *s* [s].[98]

[97] Die Sprache der in römischer Zeit östlich der Donau beheimateten als Sarmaten bezeichneten Völkerschaften war wahrscheinlich mitteliranisch. Zu beachten ist jedoch, dass zwischen dem dakisch-thrakischen, slawischen und baltischen Siedlungsraum verschiedene kleine Völker lebten, von deren ethnischer und sprachlicher Zugehörigkeit nichts bekannt ist und man ihnen somit nicht unbedingt den Stempel des Mitteliranischen aufdrücken kann. Die Frage bleibt auch offen, ob sie an der ethnischen und sprachlichen Überschichtung Valerias im zu Ende gehenden 4. Jahrhundert und in der Folgezeit mitbeteiligt waren.

Abb. 19: Dakische und thrakische ON auf *-dava,* bzw. *-deva/-para* (DURIDANOV 149)

Hier kommt das Albanische zu Hilfe, denn es bietet phonetisch und semantisch exakt die gleiche Vorlage an, die nachstehend als Vorform für *Pécs* vorausgesetzt wird.[99] Das heutige nordalbanische (gegische) *pêsë* [pẽ:sə] 'fünf' leitet Vladimir OREL (316) von einer Vorform **penče* ab, dem idg. **penk$^{u̯}$e* zu Grunde liegt. Idg. **k$^{u̯}$* setzt

---

[98] Die thrakischen Sprachdenkmäler sind durch das griechische Alphabet überliefert. Da dieses kein [ʃ] *(dt. <sch>)* hat und der Lautwert der [s]-Komponente der griech. Zeichen σ, ζ und ξ zwischen [s] und [ʃ] liegt, artikulatorisch: weniger eng sulkalisiert ist, kann man davon auf die exakte Lautqualität der durch das griechische Alphabet wiedergegebenen thrak. *s* bzw. *ts* nicht zuverlässig schließen. Auch in den mit dem griechischen Alphabet wiedergegebenen iranischen (skythischen, sarmatischen) Texten werden *š* [ʃ] durch σ, [tʃ] durch ζ und [xʃ] durch ξ wiedergegeben. Zum Beispiel σαδης zu avest. *šātə* 'froh' (KRETSCHMER 22), Τάξακις zu avest. *ϑwaχša* 'Feldherr und König der Skythen' (VASMER 17).

[99] Vgl. 2.4.2.5. sowie KNIEZSA 1962, 329.

Phonetische Merkmale	Thrakisch	Dakisch	Albanisch	Balto-slaw.	Pelasgisch	Germanisch	Indoiran.	Griechisch	Phrygisch	Armenisch	Italisch	Keltisch	Hethitisch	Tocharisch
1. Idg. *o* > *a*	+	+	+	+	+	+	+	—	—	—	—	—	+	A + B —
2. Idg. *r̥, l̥* > *ur (or), ul (ol); ir, il*	+	(+)	(+)	+	+	(+)	—	—	—	—	+	—	—	—
3. Idg. *m̥, n̥* > *um (om), un (on); im, in*	+	+	+	+	+	+	—	—	—	—	—	—	—	—
4. Idg. k^{u}, g^{u}, $g^{u}h$ > *k, g (k), g*	+	+	+	+	+	—	Ind.* ± iran.** ±	—	—	—	—	—	—	—
5. Idg. *k', g', g'h* > *s (þ), z (đ)*	+	+	+	+	+	+	ind. *s, j, h* iran. +	—	+	+	—	—	—	—
6. Idg. *p, t, k* > *p', t', k'*	+	—	—	—	+	—	—	—	+	+	—	—	—	—
7. Idg. *b, d, g* > *p, t, k*	+	—	—	—	+	+	—	—	+	+	—	—	+	+
8. Idg. *bh, dh, gh* > *b, d, g*	+	+	+	+	+	+	ind. — iran. +	—	+	—	—	+	+	+
9. Idg. *sr* > *str*	+	+	+	+ (lit. —)	?	+	—	—	—	—	—	—	?	—
10. Idg. *tt, dt* > *st*	+	—	?	+	?	—	ind. — iran. +	+	?	?	—	—	?	?

Abb. 20: Phonetische Merkmale des Idg. und deren Entsprechungen im Thrakischen und anderen idg. Sprachen (Duridanov 138f.)

Orel (XX) für das Protoalbanische vor palatalen Vokalen als **k'w* an, das über **tsw* > **tš* albanisch *s* ergab. Der Übergang von [tʃ] zu [s] soll nach allgemeiner Zustimmung um die Jahrtausendwende n. Chr. vollzogen gewesen sein.[100] Nach der im vorherigen Absatz dargelegten Vermutung könnte für das *s* in der Lautfolge **tsw* ein erweitert sulkalisiertes [s] angenommen werden.

Der *n*-Schwund trat im Albanischen vor Frikativen ein, folglich erst nach dem Wandel [tʃ] > [s] (d. h. vor der ersten Jahrtausendwende). Die Chronologie des Lautwandels stellt sich demnach wie folgt dar: *[pɛntʃɛ] > *[pɛnsə] > *[pɛ̃nsə] > [pẽ:sə], d. h., 1. die Nasalierung musste vor dem Schwund des Nasals eingetreten sein, 2. der Nasalschwund musste eine Ersatzdehnung des Vokals zur Folge haben.[101] Die protoalbanischen kurzen Vokale **(a, e, i, u)* wurden vor Nasalen nasaliert, d. h. zu *[ã, ẽ, ĩ, ũ]; nach Schwund der Nasalen blieb im Gegischen (Nordalbanischen) die Vokalnasalierung erhalten, im Toskischen (Südalbanischen) ist sie geschwunden (vgl. Orel XVII).

2.4.4. *Quinque (Basilicae)* ~ **Penče* > *Pécs* als Parallelbenennungen

Hier sei auf die im Abschnitt 2.4.2.5. behandelte Frage der Parallelbenennung von ON verwiesen. Wenn die Bevölkerung um Pécs, ähnlich wie die in Alsóheténypuszta, zweisprachig, „bilingui" war, kann angenommen werden, dass die Stadt auch zwei Namen haben konnte und dass es zu lat. **Ad quinque basilicas* in der Sprache der Karpen, der ich eine bestimmende Rolle als Zweitsprache neben dem Lateinischen zubilligen möchte, eine Parallelbenennung gegeben hat: {Präp. 'bei' + **penče* [pɛntʃɛ]

[100] Schriftl. Mitteilung von Prof. Dr. Bardhyl Demiraj, München.

[101] Die Nasalierung ist ein gemeinsames Merkmal des Balto-Slawischen (besonders des Slawischen) und Albanischen (Popović 82).

+ 'sakrale Bauwerke'}. Von dieser lokativen Fügung 'zu oder bei den fünf Basiliken' entstand durch den steten Gebrauch die Ellipse 'zu oder bei den Fünf'. Diese substantivierte Kardinalzahl wurde im Weiteren zum ON **Penče*, die Ausgangsform, die schließlich den ON *Pécs* ergab.

Es wurde bereits angenommen, dass nach der Aufgabe Pannoniens die nicht lateinisch sprechende Bevölkerung (Karpen und Sarmaten) eine ausreichende Mehrheit bildete, um den ON ihrer Sprache im alltäglichen Gebrauch durchzusetzen, was nicht bedeutet, dass der lateinische Name unterging. Er wurde, wie bereits oben dargelegt, weiterhin von der verbliebenen romanischen Restbevölkerung gebraucht und war der amtliche, offizielle Name auch des lateinisch sprechenden Klerus, der auch in der Folgezeit die römische kirchliche Tradition verkörperte. Als solcher Name hat er sich über die Jahrhunderte, bis in die Karolingerzeit erhalten. Parallel dazu lebte der volkstümliche Name fort.

Wie lange die ursprünglichen Träger des Ortsnamens, Romanen, Karpen, bodenständige Sarmaten oder Germanen um *Pécs*, die nach dem Abzug der Römer geblieben sind, sprachlich überlebten und ob es sie noch zur Zeit der ungarischen Landnahme gab, ist nicht bekannt. Ob sich in und um Pécs *nur* eine nichtromanische Sprache der verbliebenen Volksgruppen erhalten hat, oder ob es im 9. Jahrhundert *auch* noch romanische Sprachnischen gab, bleibt ebenfalls Spekulation. István KNIEZSA hält die Existenz der Urbevölkerung zur Zeit der ungarischen Landnahme für möglich. Meines Erachtens ist dies jedoch keine zwingende Voraussetzung für das Überleben des Ortsnamens. Das entscheidende Kriterium für die Tradierung eines Eigennamens ist die Kommunikationskontinuität.

Die ethnischen Verhältnisse im Karpatenbecken waren in den Jahrhunderten vor der ungarischen Landnahme ziemlich undurchsichtig, über die in dieser Zeit gesprochenen Sprachen ist so gut wie nichts überliefert. Grundsätzlich muss davor gewarnt werden, von einem Volksnamen auf ein Volk und eine Sprache zu schließen. In sprachlicher Hinsicht war das Awarenreich „ein recht ‚bunter' Fleck".[102] Allein die Archäologie erbringt den Nachweis über das Fortleben der alteingesessenen Bevölkerung in und um Pécs als Trägerin einer teilkomplementären Variante der Keszthely-Kultur. Es gibt gegensätzliche Ansichten darüber, ob die hier verbliebenen Reste der Awaren, und der Bulgaren, die im Awarenreich schon früher präsent waren, vor oder in den Jahrzehnten nach dem Erscheinen der Ungarn bereits slawisiert waren. Es wird angenommen, dass ein bedeutender Bevölkerungsteil des Karpatenbeckens slawischer Herkunft gewesen sein muss und dass die Slawisierung bereits im 8. Jahrhundert ihren Anfang nahm.

Demzufolge ist unter Berücksichtigung dieser ethnischen und sprachlichen Verhältnisse auch den Fragen nachzugehen, welche lautlichen Veränderungen die angenommene Ausgangsform *[pɛntʃɛ] in der Sprache der in Pécs noch existierenden Urbevölkerung oder in den Sprachen anderer Völker der Region erfuhr, und aus wel-

---

[102] Vgl. POHL 223ff.

cher Sprache er in welcher Form ins Ungarische entlehnt wurde, die letztlich zum Namen *Pécs* führte.

Der Name *[pɛntʃɛ] wurde gewiss von den in späterer Zeit zugewanderten Völkern, zunächst vielleicht von den Germanen und später von den Awaren, den Slawen und Bulgaren entlehnt und ihrem Phonemsystem angepasst. Wenn die phonetischen und phonotaktischen Voraussetzungen gegeben waren, konnte er nach einem homophonen oder fast gleich lautenden Appellativ ihrer Sprache volksetymologisch, oft nach einem vorhandenen Merkmal des Ortes, umgedeutet werden. In der Namenkunde spricht man in diesem Zusammenhang von sekundärer Benennungsmotivation.

Ich gehe davon aus, dass die Awaren oder die Bulgaren den ON von der nichtlateinischen Urbevölkerung entlehnt haben. Sie hatten wahrscheinlich keine Adaptationsschwierigkeiten. Ihre Lautsysteme hatten die Affrikata *č* [tʃ], vielleicht auch die Phonemkombination *nč* [ntʃ], jedoch keine nasalierten Vokale. Die Entlehnung konnte nur auf phonologischer und nicht auf semantischer Basis, als Lehnübersetzung der Kardinalzahl 'fünf' aus der Sprache der vorgefundenen Bevölkerung erfolgt sein (vgl. 2.4.2.5.).

Dass auch die seit dem 6. Jahrhundert in Pannonien nachgewiesene slawische Bevölkerung in der Umgebung von Pécs den Namen lange Zeit vor der ungarischen Landnahme von der noch existierenden alteingesessenen Bevölkerung übernommen hat, ist wahrscheinlich. Von da an hat der Name alle weiteren lautgesetzlichen Entwicklungen des Slawischen mitgemacht, deren Chronologie wir, im Gegensatz zu den altaiischen Sprachen, einigermaßen nachvollziehen können.

Die Affrikata *č* [tʃ] gab es bereits seit der 1. (urslawischen) Palatalisation *(k' > č)* im Phonemsystem der slawischen Sprachen, d. h. schon in der Zeit des Erscheinens der Slawen in Pannonien. Die Vokale waren im Slawischen jedoch vor Nasalen nasaliert, weshalb eine entlehnte Form mit nasaliertem Stammvokal anzunehmen ist, nämlich *[pɛ̃ntʃɛ]. Zwei spätere Entwicklungen des Vokalsystems haben zur weiteren Veränderung des Namens geführt: Zunächst ist es der Schwund der Nasale noch in der Zeit vor der ungarischen Landnahme, der eine Ersatzdehnung und einen etwas höheren Öffnungsgrad der (nasalierten) Vokale zur Folge gehabt haben dürfte. Dieser Lautstand existierte bis zum Ende des 10. Jahrhunderts im Slawischen der Region um Pécs. Zu Beginn des 11. Jahrhunderts wurden die nasalierten Vokale des Slawischen durch orale Vokale ersetzt. Dieser Lautwandel musste im Slawischen eine noch zweisilbige Form (möglicherweise mit einem abgeschwächten, reduzierten Vokal, *[ɛ̜, ə]?, im Auslaut) und einem oralen, fast geschlossenen oder geschlossenen Stammsilbenvokal *[ɛ̜, e]? ergeben haben. Das Ergebnis dieser Entwicklung wäre eine der Varianten *[pe:tʃɛ̜, pɛ̜·tʃɛ̜ ~ pe:tʃə, pɛ̜·tʃə]?, der die Vorlage für die Entlehnung an die Ungarn bildete. Die Weiterentwicklung des Namens wird im folgenden Abschnitt behandelt.

Es bleibt weiterhin ungeklärt, ob es zur Zeit der Entlehnung des Namens an die Ungarn noch Reste der ursprünglichen, nichtslawischen Bevölkerung gegeben hat und welchen Anteil diese an dem Entlehnungsvorgang hatte.

2.4.5. Zur Graphophonemik der hist. Belege

2.4.5.1. *Peuche*

Belegangaben zu *Peuche* siehe 2.4.1.; zu dessen Deutung siehe 2.4.2. Josephus KOLLER (1782, 172) schreibt dazu folgendes: „Alii passim legerunt Pente, tamquam Episcopatus Quinque-Ecclesiarum Graeco vocabulo Pente, quod quinque significat, compellatus olim fuerit. At hoc minus credibile mihi videtur, quam Latino vocabulo quinque Compellatas Quinque-Ecclesias unquam fuisse. Nam ipse Graeci vocabuli in Hungarico Diplomate usus severiorem animadversionem meretur. Quare secundum veram hujus Diplomatis Lectionem, Penthe seu Peuche, (utroque modo legi potest, si sola spectentur elementa litterarum) ex usu vernaculi Hungarici Pech, seu Pécs, sive Slavonici Pet aut Pech vocabuli rectius arcessitur.“[103] (Zit. bei KLEMM 12f.)

An anderer Stelle (1804, 3) bemerkt Josephus KOLLER zum Wort *Peuche:* „Monumenta omnium, in quibus vestigium vocabuli *Pécs* deprehenderim, vetustissima, sunt Diplomata duo: S. Ladislai Anno 1093, et Belae III. 1190. In his nempe Quinqueecclesiae vocantur Peuche, vel Penthe, aut Peuthe: nam Autographum A. 1404. unde sumpta sunt, has omnes Lectiones admittit. Saec. XIII. et seqq. Monasterium Ferrei montis Quinqueecclesiis vicinum appellatum fuit de Peth Varadino, vel Pech Varadino; hodie vocatur Pécs-Váradja. Quare videtur prius Civitas appellata fuisse Hungarico Sermone *Pöcse,* subinde mutata pronunciandi ratione *Pécs* dici coepisse.“[104] (Zit. bei KLEMM 13.)

Nach diesen Ausführungen Josephus KOLLERs wäre *Peuche* als *Pöcse* [pøtʃɛ, pø:tʃɛ]? auszusprechen. Nach Lesart anderer: *Pente, Penthe, Peuthe,* wovon die Ungarn *Pech,* die Slawen *Pet* oder *Pech* herleiten. Der Lesart KOLLERs kann nicht zugestimmt werden, denn der palatale labiale Monophthong *ö* fehlt im altungarischen Vokalinventar und ist später entweder durch Senkung des *ü* oder durch Monophthongierung des Diphthongs *iü* ([iʏ] > [ɛʏ] > [øʏ] > [ø] oder [ø:]) entstanden. (Vgl. KNIEZSA 1952, 39, 52f.)

Die Form *Peuche* weicht in zwei Punkten von den anderen Belegen ab. Zum einen ist es die diphthongische Stammsilbe, speziell das <*u*>, dessen lautliche Zuordnung erhebliche Schwierigkeiten bereitet und keine befriedigende Klärung zulässt. Zum

---

[103] [Andere wieder nennen sie Pente, das heißt, das Bistum von Quinque Ecclesiae wurde einst in griechischer Sprache Pente, was fünf bedeutet, benannt. Dies scheint mir jedoch weniger glaubhaft zu sein als das nach lateinisch fünf jeher benannte Quinque Ecclesiae. Die Verwendung eines griechischen Wortes in ungarischen Urkunden erfordert jedoch ernsthafte Aufmerksamkeit. Die korrekte Lesart dieser Urkunde erlaubt nämlich beide Varianten, Penthe und Peuche – und weil beide Lesarten möglich sind, wenn wir lediglich die einzelnen Elemente der Buchstaben betrachten, kann der Name in der Muttersprache der Ungarn zum Wort Pech oder Pécs oder in der Sprache der Slawen eher zu Pet oder Pech gestellt werden.]

[104] [Die ältesten Denkmäler von allen, in welchem ich die Spur des Wortes Pécs fand, sind zwei Urkunden: die Urkunde des König Ladislaus von 1093 und des König Béla III. von 1190. In diesen wird Quinqueecclesiae nämlich Peuche, oder Penthe, oder Peuthe genannt – die Abschrift von 1404, aus der diese Namen entnommen wurden, erlaubt jede Lesart. Im 13. und in den folgenden Jahrhunderten wurde das Kloster auf dem Mons Ferreus in der Nähe von Pécs, Peth Varadino oder Pech Varadino genannt; diese wird heute Pécs-Váradja genannt. Daraus wird ersichtlich, dass die Stadt mit dem ungarischen Wort Pöcse früher benannt wurde, wonach mit der Änderung der Aussprache Pécs gesagt wurde.]

anderen bedarf die hier erscheinende Nebensilbe einer Erklärung. Bedauerlicherweise ist die Urkunde verschollen, eine Analyse der Originalschreibung ist daher nicht möglich. Vorab sei festgehalten, dass die unter 2.4.2.2. besprochene Deutung, die *Peuche* mit dem Volksnamen der Peucini in Zusammenhang bringt, nicht in Erwägung gezogen wurde.

György GYÖRFFY (1966, 356f.) und Loránd BENKŐ[105] lesen *Peuche* als *Penthe* (siehe dazu auch 2.4.1,1). Die Begründung liegt in der Verwechslung von <*n*> und <*u*> sowie von <*t*> und <*c*> aufgrund der Ähnlichkeit der Zeichen in der damaligen Schreibtradition, belegt durch die folgenden Beispiele aus der Gesta Hungarorum von Anonymus:

Zum Beleg von a. 1093 weist Antal KLEMM (12, Fußnote 26) darauf hin, dass in der so genannten Abschrift [Ferenc] NESSELROD (1711, im Bischöflichen Archiv) *Pentha* [auch *Penthe*] steht, das unter Einfluss des griech. πέντε (vgl. fünf Kirchen) hineinkam.

Eine andere Deutung des Belegs, die in *Peuche* eine Verschreibung von **Penche* (<*n*> → <*u*>) sieht, müsste eine frühe Entlehnung (vor dem 11. Jahrhundert) voraussetzen, in der die nasalierten Vokale [õ:] und [ẽ:] in slaw. Lehnwörtern des Ungarischen durch *o* bzw. *e* + *n* oder *m* substituiert wurden.[106] Es wäre eine sporadische Übernahme, die sich nicht durchsetzte. Als alternative Annahme bietet sich an, dass der gelehrte Schreiber den (von Nichtungarn) gehörten nasalierten Namen mit der Graphemfolge *eu* die Nasalierung als spezifisches Lautmerkmal eines Monophthongs, für dessen Bezeichnung kein Einzelzeichen zur Verfügung stand, direkt wiedergeben wollte. *Peuche* hätte sich dann als Kanzleiform etabliert und wäre so in weiteren Urkunden verwendet worden. Diese Deutungsvarianten sind wohl unwahrscheinlich aber nicht ausgeschlossen.

2.4.5.2. *Peech* bzw. *Pech*

Die Entlehnung dieser Namen ins Ungarische müsste um die Jahrtausendwende bzw. im 11. Jahrhundert stattgefunden haben, als die Nasalierung der Vokale im Slawischen geschwunden war. Dazu siehe 2.4.4. Wohlgemerkt, die Annahme hat nur Bestand, wenn die ethnische Voraussetzung korrekt ist, d. h. langes sprachliches Fortleben der nichtungarischen Völkerschaften im Gebiet um Pécs und späteres Erstarken der ungarischsprachigen Bevölkerung im 11. Jahrhundert. Über die angenommene Namenform, die von den Ungarn wahrscheinlich aus dem Slawischen entlehnt wurde, war im Abschnitt 2.4.4. die Rede. Wir haben jedoch keine Angaben darüber, in welcher Zeit

---

105 Ein Beispiel für Verschreibung: In seiner Studie „Beszélnek a múlt nevei, Tanulmányok az Árpád-kori tulajdonnevekről“ (Akadémiai Kiadó, Budapest, 2003) zitiert Loránd BENKŐ auf S. 32 aus einer (philologisch recht problematischen) Urkundensammlung: „1255: de genere Bochond“ [recte: Bothond] (Fernschriftlicher Hinweis von Dr. Károly GERSTNER, Ungarische Akademie der Wissenschaften, Budapest, vom 6. März 2009).

106 Vgl. BÁRCZI / BENKŐ / BERRÁR 287; und POPOVIĆ 112f., 336 über die Zerlegung der nasalierten Vokale. Die Nasalierung der Vokale blieb im Slowenischen in manchen Positionen erhalten (ebd.).

Abb. 21: Ausschnitt aus der Karte von SANSON, Nicolas: Atlas nouveau, contenant toutes les parties du monde […], Paris [1692]. Obwohl das hier dargestellte Gebiet bereits 1687 von dem kaiserlichen Heer besetzt wurde, erscheint es in Anlehnung an eine frühere Ausgabe (1664?) noch als türkisch.

die Abschwächung des auslautenden unbetonten Vokals ([ɛ̤] > [ə]) erfolgen konnte. Auf jeden Fall hat die Apokope des abgeschwächten auslautenden Vokals in der Zeit nach der Entlehnung die bereits zuvor angenommene Längung und den höheren Öffnungsgrad stabilisiert oder gar verstärkt.[107] Dieser Entwicklungsprozess ergab die endgültige, heutige Lautform von *Pécs*, die bereits der historische Beleg *Peech* reflektiert. Die Doppelschreibung <*ee*> des Vokals dieses Belegs lässt eindeutig auf einen freien Wortstamm mit langem und geschlossenem Vokal schließen. Die Einfachschreibung des Stammvokals <*e*> des zweisilbigen, flektierten *Pechy* erlaubt keine eindeutige Wertung. Möglicherweise handelt es sich um einen damals noch existierenden gebundenen Wortstamm mit kurzem und offenerem Vokal.

Die Zeichenkombination <*ch*> hatte den Lautwert der Affrikata [tʃ], heutiges ung. <*cs*> (vgl. KNIEZSA 1952, 19f., 23).

Die Ungarn hatten also schon seit ihrer Ansiedlung einen Namen für den Ort *Pécs* zur Verfügung. Das auf der Landkarte (Abb. 21.) erscheinende *Ottegyhazac* (in korrekter (auch historischer) Schreibung: *Ötegyházak*) ist eine von einem französischen Kartographen übernommene ungarische Übersetzung in Anlehnung an *Finfkirchen* oder *Quinque Ecclæsiæ*. Nachdem *Ottegyhazac* mit H (hongrois) gekennzeichnet ist, wäre *Petsche* (deutsche Schreibung) wahrscheinlich die von den Türken verwendete

[107] Die Apokope und die damit verbundene Ersatzdehnung des Stammvokals (und wahrscheinlich auch eine Akzentverstärkung der Stammsilbe) ist ein wesentliches Merkmal, das vom Altungarischen zum Mittelungarischen überleitet (vgl. altungarisch *utu* [utu] > mittelungarisch *út* [u:t] 'Weg, Straße'). Im Ung. ist das lange <*é*> [e:] stets geschlossen. Zur Ersatzdehnung vgl. BÁRCZI / BENKŐ / BERRÁR 163ff.

Form *Peçe* [pɛtʃɛ] für Pécs. Vgl. den im folgenden Abschnitt behandelten türk. PN *Peçevi* (*-vi* Adjektivsuffix 'aus *Peçe* stammend'). Eine ung. Nebenform zu *Pécs* mit auslautendem *-e* [ɛ] oder [æ] ist zu dieser Zeit unwahrscheinlich.

2.4.6. *Pécs* – serb. *Печуј, Pèčūj,*[108] kroat. *Pèčuh,*[108] zig. *Pëcsuj* u. a.[109]

Die serbokroatischen Namen, *Pèčūj* (serb.), *Pèčuh* (kroat.), werden von den meisten ungarischen Sprachwissenschaftlern als späte Entlehnungen von *Pécs* gedeutet, deren Namengeber die Ungarn sind. Vgl. FNESz.[4] 2: 328f.; KLEMM (10f.). MELICH (1925, 413) sieht in den beiden ON slawische Lokativformen des ungarischen *Pécs*, die später als Nominative gedeutet wurden und bringt einen Beleg für *Pečuj* erst aus dem Jahr 1686. István KNIEZSA (1962, 329) mahnt hier zur Vorsicht, denn solange der Name Pécs nicht gedeutet ist, kann der Zusammenhang der beiden südslaw. Formen mit Pécs nicht geklärt werden, es kann nicht festgestellt werden, welche Form die primäre und welche die sekundäre ist. *-uh* bzw. *-uj* könnten nach ihm ein seltenes Wortbildungssuffix sein, für das es im Serbokroatischen sehr wenige Beispiele gibt.[110] János MELICH hält das Suffix für einen Lokativ Plural, was von István KNIEZSA jedoch verworfen wird. Auch hält er es für nicht ausgeschlossen, dass es sich um eine etwaige urtümliche (nichtslawische) Form handele. Eins ist jedoch sicher, dass der ungarische Name von den genannten slawischen Formen nicht abgeleitet werden kann. Ebenso ist es nach ihm unwahrscheinlich, dass sie Entlehnungen des ungarischen Namens sind. Die Serben und Kroaten sind zumindest dreihundert Jahre früher in die Gegend um Pécs gekommen, die Ungarn haben hier eine bedeutende slawische Bevölkerung vorgefunden, das Bistum Pécs erstreckte sich auch auf die Gebiete jenseits der Drau, auf Srem und Vukovár. Es ist unmöglich, dass in der Sprache der Südslawen bereits vor der Landnahme der Ungarn kein Name der Stadt Pécs existiert hätte. Dieser Name war offensichtlich das heute existierende *Pèčūj,* das die slawische Bevölkerung von den Ureinwohnern übernommen hat. Der ungarische Name scheint eine von der slawischen unabhängige Übernahme in einer späteren weiterentwickelten Form zu sein. Folglich haben die Ureinwohner von *Pécs* die Ansiedlung der Ungarn erlebt. So der Gedankengang von István KNIEZSA.

Es gibt keinen Anhaltspunkt für eine frühe Erscheinung der mit *-uh* bzw. *-uj* gebildeten ON im Südslawischen. Die Darlegungen unter 2.4.4. gehen davon aus, dass die slawische Bevölkerung eine unflektierte Form an die Ungarn entlehnte und diese bis zu ihrer weitgehenden Assimilation gebrauchte. Ich schließe mich daher der Meinung anderer ungarischer Forscher an (u. a. Lajos KISS in: FNESz.[4] 2: 329), wonach diese

[108] Schreibungen von István KNIEZSA.

[109] Ich sehe keinen Anlass, von der in der Wissenschaft seit jeher gebräuchlichen Benennung *Zigeuner*, Adj. *zigeunerisch*, abzuweichen. Ein zu Roma gebildetes Adj. 'zigeunerisch' ist mir im Deutschen nicht bekannt. In Ungarn nennen sich bedeutende Roma-Gruppen nach wie vor Zigeuner, ung. cigány. Die politische Organisation nennt sich Országos Cigány Önkormányzat [Landesselbstverwaltung der Zigeuner].

[110] KNIEZSA (1962, 329) nennt folgende Beispiele: slaw. *kož-uchъ* 'Lederjacke', slowen. *bogat-úh* 'reicher Mann', russ. *pit-úch* 'Säufer'.

Varianten einer späteren Zeit angehören. Es spricht sehr viel dafür, dass sie mit der Zuwanderung nichtungarischer Volksgruppen während der Türkenzeit zusammenhängen. ON dieses Typs sind in der Region um Pécs mehrfach belegt. Neben *Pečuj* (in BMFN 1: 697: serbokroat. *Pëcsu, Pëcsuh, Pëcsuj* ['pɛtʃu, 'pɛtʃux, 'pɛtʃuɪ] für Pécs), das auch in der serbischen bzw. kroatischen Schriftsprache erscheint, nannten die südslawischen Bewohner von *Dunaszekcső* (früher *Szekcső*) ihren Ort *Szëcsuj* ['sɛtʃuɪ], die Zigeuner *Szë(k)csuj* ['sɛ(k)tʃuɪ] (BMFN 2: 212). Die fakultative Variante mit [k]-Einschub ist vermutlich eine neuere Anlehnung an den ung. ON. Für *Mohács* erscheint das Suffix *-uj* lediglich als zigeunerische Benennung: *Mohåcsuj* (Schreibung BMFN) ['mohatʃuɪ], Var. *Mohåcsu* ['mohatʃu]. Serbokroat. wird die Stadt heute *Mohač* ['mohatʃ] *(Mohåcs)* genannt.

Das Suffix *-uj* diente in allen drei Fällen zur Weiterbildung von vorhandenen ON ungarischer Herkunft. Aufmerksamkeit verdient auch der türkische PN *Peçevi,* Var. *Peçuy(l)i, Peçuylu* [111] *(ç = č,* ung. <*cs*>*)* sowie der von einem **Seçe* (< ung. *Szekcső*) abgeleitete PN *Seçevi*.[112] Daneben soll es auch ein türk. *Seçuy* gegeben haben. Pécs soll von den Türken *Peçe,* in späterer Zeit auch *Pečuy* genannt worden sein. Die türkische Herkunft des Suffixes *-uy (-uj)* ist jedoch auszuschließen. Es gibt keinen Anhaltspunkt für dessen Existenz im Türkischen, auch nicht in historischer Zeit.

In Bosnien gibt es zwei Orte Namens *Pečuj*. Der eine liegt bei Novi Travnik, der andere in der Nähe der zentralbosnischen Stadt Zenica.[113] Die stärkste Bevölkerungsgruppe in Pécs während der Türkenzeit, der überwiegende Teil (ca. 90 Prozent) des türkischen Militärs in Pécs waren Bosniaken. Ein Zusammenhang kann daher nicht übersehen werden. Gab es den Ort schon vor der Zuwanderung der Bosniaken nach Pécs? Ist der Ort nach der Vertreibung der Türken aus Pécs von geflüchteten Rückwanderern gegründet worden? Es gibt einen Hinweis, wonach mit dem türkischen Militär auch dessen Gefolgschaft die Stadt verlassen hat (BMFN 1: 697). Aus einer Meldung von 1686 geht hervor, dass um die 60 muslimische Zigeuner mit den Türken abgezogen sind (SZITA 20f.). Sind sie zusammen mit anderen, die mit den Türken Pécs verlassen und ihren ON mitgenommen haben, die Gründer der genannten bosnischen Siedlungen? Die letztere Annahme ist wahrscheinlicher, denn das Suffix erscheint in den südslawischen Kerngebieten nirgends für die Bildung von ON. Die Endung *-uj*

---

[111] Der türkische Historiker Ibrahim Peçevi Efendi (1574–1650) wurde in Pécs geboren. „Es ist nicht auszuschließen, dass der Historiker sowohl den vom Ungarischen [ON] abzuleitenden Namen Pecsevi und den vom Südslawischen [ON] abzuleitenden Namen Pecsuji gebrauchte" (FODOR 109f.). – Die orientalischen Sprachen bevorzugen bei vokalisch auslautenden Wörtern (v. a. bei Eigennamen) zur arabo-persischen Adjektivbildung mit langem *i* (arabisch eigentlich *-iyy)* den Einschub von *-v-* (aus dem Arabischen, auch im Persischen und Osmanisch-Türkischen vorhanden). Die korrekte, rein türkische Bildung wäre *Peçûylu* (*-lu* und and. Var., denominales Adjektivsuffix 'von, aus') (Hinweis von Dr. Robert LANGER, Heidelberg). – Den Ersatz ung. [e:] > türk. [ɛ] kann man einerseits damit erklären, dass im Türkischen das lange geschlossene [e:] (vor *ç* [tʃ]) fehlt, andererseits könnte volksetymologischer Einfluss mitgewirkt haben (vgl. türk. *peçe* 'Schleier').

[112] Vgl. BEZERÉDY 14. Das mda. *Seetsche* [se:tʃə] der Bewohner von *Dunaszekcső* sowie *Seetsch* [se:tʃ] in einigen dt. Mundarten um *Dunaszekcső* scheinen diese Variante zu reflektieren.

[113] Es soll sich um neuzeitliche Siedlungen handeln (schriftl. Mitteilung von Prof. Dr. Miloje ĐORĐEVIĆ, Sarajevo, vom 2. Dezember 2008).

findet sich nur in zwei Appellativen des Serbokroatischen: *kraguj* 'Habicht' und *slavuj* 'Nachtigall'.[114]

Die vor und während der Türkenzeit in Ungarn erschienenen Zigeuner kamen zum großen Teil aus der Walachei und aus Moldavien, Vasallenstaaten des Osmanischen Reichs, wo sie Jahrhunderte zuvor in Knechtschaft lebten und vor allem Rumänisches in ihre Sprache eingedrungen war. In türkischen Diensten waren sie begehrte Schmiede, Waffenschmiede, Kanoniere und Musiker. Zigeuner gab es auch als Freibeuter, Marodeure, sie wurden von den Türken gezwungen, auch „schmutzige Arbeiten" zu verrichten (als Eintreiber der Steuern, Plünderer, Kundschafter, Brandleger und sogar Henker, Scharfrichter). Vgl. MARUSHIAKOVA 28ff., JEŠINA 1ff. In den türkischen Deftern von 1591 und 1613 wurde die Militäreinheit *Dzsemaeti kiptiyan* (ung. Schreibung), türk. *Cemâ'at-i Kıbtiyân* 'Korps der Zigeuner' für Mohács registriert (BMFN 2: 414). Außerdem sollen viele Zigeuner, so genannte walachische Zigeuner (Vlach-Roma, ung. oláh cigányok), in die Region eingewandert sein (BMFN 2: 415, MEZEY 10).[115]

Für die Anwesenheit von Zigeunern in Dunaszekcső gibt es bei BEZERÉDY (50ff.) nur indirekte Hinweise. Sie werden von ihm *martalócok* (Pl. zu ung. *martalóc* 'Freibeuter, Marodeur') genannt und sollten hier u. a. südslawischer Herkunft (Serben, Bosniaken) gewesen sein. Unter ihnen befanden sich wahrscheinlich auch Zigeuner.

In Pécs sind nach der türkischen Besetzung 1543 außer den nach den kriegerischen Auseinandersetzungen zurückgekehrten christlichen Bewohnern sieben muslimische Zigeunerfamilien zugewandert. Pécs gehörte in dieser Zeit zum Mohácser Sandschak. Während der ganzen Zeit der Türkenherrschaft nahm die Bewohnerzahl aufgrund der hinzugekommenen Freibeuterkontingente stetig zu. Sie stammten zu 95 Prozent vom Balkan, darunter befanden sich auch muslimische Zigeuner. Darüber hinaus gab es innerhalb der Stadtmauern von Pécs eine Militäreinheit der Zigeuner *(Giptik Dzsemajet)*, türk.: *Kıbtî Cemâ'at*.

Angesichts der vorgeschilderten starken Präsenz der walachischen Zigeuner in den Orten *Pécs, Dunaszekcső* und *Mohács* möchte ich annehmen, dass die Weiterbildung derer Namen mit *-uj* [uɪ̯] von den Zigeunern erfolgte. Das Suffix *-uj* wäre eine Entlehnung der Zigeuner aus dem Rumänischen, in dem es viele ON auf *-ui* gibt. Letztlich ist das Suffix slawischer Herkunft und leitet sich von slaw. *-ovi* > *-oi* [oɪ̯] ab, das im Rumänischen als *-ui* [uɪ̯] erscheint, z. B. **Basilovi* 'Besitz des Basil' > rum. *Vaslui*.[116]

Dabei wäre denkbar, dass für die Bildung der ON auf *-uj* die ung. ON-Adjektive *szekcsői, pécsi, mohácsi* als Vorlage dienten. Dafür böte sich eine Analogie an: Die im 18. Jahrhundert eingewanderten deutschen Siedler haben relativ viele mundartliche ON auf *-i*. Vermutlich sind die von den des Ungarischen unkundigen deutschen Einwanderern vorgefundenen und häufiger gebrauchten ung. adjektivischen Ableitungen auf *-i* '(Bewohner, Sache) des Ortes N', 'zum (Ort N) gehörig' als Substantive aufge-

[114] ĐORĐEVIĆ, ebd.

[115] Die Zigeuner der Baranya haben kaum Verständigungsschwierigkeiten beim Empfang des rumänischen Fernsehens.

[116] Hinweis von Prof. Dr. Max MANGOLD, Saarbrücken.

fasst und als solche entlehnt worden. Beispiel: *szekcsői* (Adj. zu *Szekcső*) > *Se(k)tschi* in einigen dt. Mundarten.

Die Entlehnung der zigeunerischen ON (und nicht der ungarischen) durch die Südslawen und die Türken könnte damit begründet werden, dass es zwischen den drei genannten ethnischen Gruppen engere soziale Kontakte gegeben haben musste als zur unterjochten bodenständigen ungarischen Bevölkerung. Ein Teil der Zigeuner und der Südslawen war muslimisch. Des Weiteren ist zu beachten, dass die Zigeuner schon Jahrhunderte vor der türkischen Besetzung in der Region präsent waren und die genannten ON-Varianten möglicherweise bereits vor dem Erscheinen der Türken und Südslawen existierten. Eine Migration der Zigeuner aus dem Raum jenseits der Karpaten schon im 14. und 15. Jahrhundert ist historisch bezeugt.

Auch wenn die Wahrscheinlichkeit einer rumänisch-zigeunerischen Herleitung des Suffixes *-uj* in *Pécs* und die Entlehnung dieser Form durch die Bosniaken und Türken sehr wahrscheinlich ist, bedarf die kroatische Variante *-uh* und ihre Beziehung zu *-uj* noch der Klärung. Nachdem der überwiegende Teil der südslawischen Bevölkerung von Pécs Bosniaken, d. h. sprachlich gesehen Serben und keine Kroaten waren, könnte man die kroatische Form als spätere Entlehnung mit Umbildung auf *-uh* betrachten.

2.4.7. Lehnübersetzungen von *Quinque Ecclesiae* in anderen Sprachen

2.4.7.1. Deutsch: *Fünfkirchen*

1) um a. 1298: einen bischolf man da vant, von *Funfkirchen*[117] genant (Ottokar von Steier, S. 1881) (GYÖRFFY 1966, 358).
2) a. 1445: *Richter und der Rat der Stat zu Funifkirchen* ['fynɪfˌkhirçən], *Fünfkirchen* (CSÁNKI 2: 464; Brief an die Stadt Wien, im Stadtarchiv Wien, Jahr 1445. 12/6.). Vgl. die Abb. 22. Das links unten abgebildete Siegel befindet sich auf der Rückseite der Originalurkunde. Eine ausführliche Abhandlung über die Siegel der Stadt Pécs bietet József HOLUB.
3) a. 1692: *Finfkirchen* (Vgl. obige Landkarte, Abb. 21).
4) a. 1747: *Fünfkirchen* (Landkarte: Hungary, Transsilvania. Bowen, Emanuel. London.)

Nichts deutet darauf hin, dass es im 9. und 10. Jahrhundert eine deutsche Lehnübersetzung der lateinischen ON gegeben hätte. Mit Sicherheit wäre sie in der Conversio und/oder im Arnolfinum erwähnt worden. Die Entstehung des deutschen Namens wird, zusammen mit den anderssprachigen, italienischen und slawischen Lehnübersetzungen in die Zeit nach der Bistumsgründung anzusetzen sein. Deutschsprachige Siedler soll es bereits im 11. Jahrhundert gegeben haben, die wahrscheinlich schon den deutschen ON verwendet haben. Er erscheint dann durchgängig im deutschsprachigen Schrifttum und auf vielen Atlanten seit Beginn der Neuzeit. Nach dem Mongolen-

[117] Im Mhd. und Frühnhd. wurden im Bairischen die Umlaute nicht immer bezeichnet, das *u* hat hier den Lautwert *ü* [y]. Vgl. DWb. 4: 548ff.

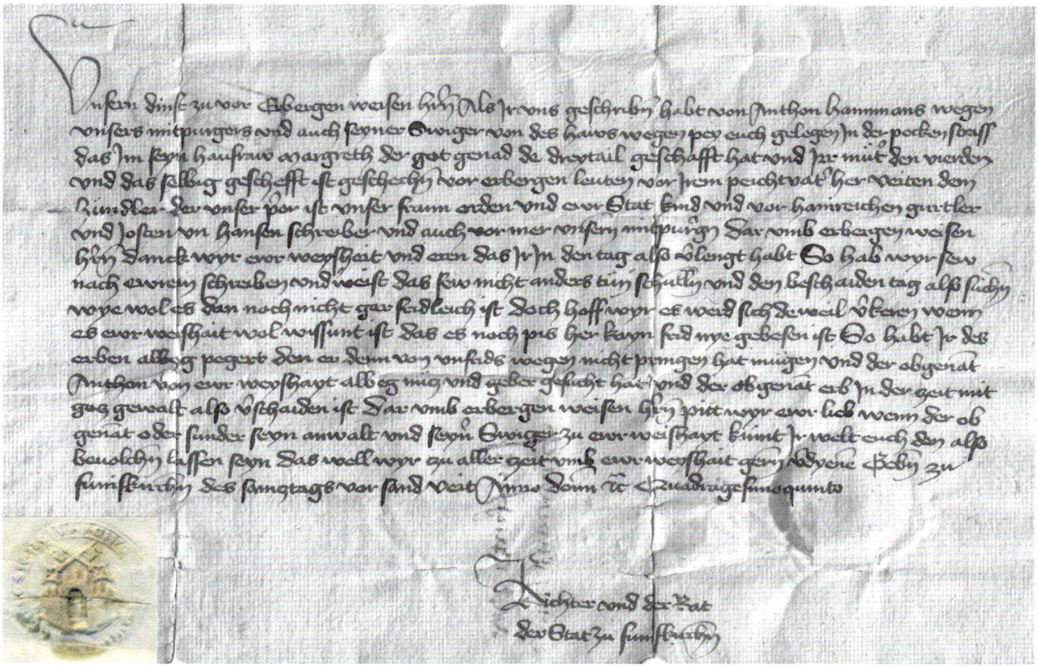

Abb. 22: Brief aus Fünfkirchen an die Stadt Wien aus dem Jahr 1445
(Stadtarchiv Wien 1445, 12/6.)

sturm kamen deutsche Siedler, Schneider und Tuchwalker, die auch ihr Zunftwesen mit nach Ungarn brachten. Während der Türkenzeit ist keine deutsche Präsenz belegt.

Nach der Befreiung der Stadt von den Türken 1686 begann mit der deutschen Besiedlung, um die sich Bischof Matthias RADNAY bemühte, eine neue Blütezeit. Der deutsche Bevölkerungsanteil betrug in der ersten Hälfte des 19. Jahrhunderts noch ein Drittel. Sie bewohnten die Innenstadt. Je ein Drittel der Bewohner war ungarisch bzw. Bosnisch.

Fünfkirchen ist die Benennung der Stadt Pécs von ihren deutschen Bewohnern und ist in ca. 28 Mundartvarianten der von der deutschen Bevölkerung Südtransdanubiens noch heute gebrauchte Name. Dazu siehe die folgende Karte (Abb. 23.).

2.4.7.2. Italienisch: *Cinquechiese*

a. 1177: *Cinque-chiexe,* Var. *Zinque-gliexie* (GYÖRFFY 1966, 357)
a. 1308: chantore [...] di *V. Chiese;* chantore *Cinque Chiese* (GYÖRFFY 1966, 358).

2.4.7.3. Französisch: *Cinq-Églises*

a. 1703: *les 5 Eglises* (Carte de la Hongrie et des Pays qui en dependoient autrefois. Par. Guillaume de l'Isle, Paris.)
a. 1742: *Pecz ou les 5 Eglises* (Carte Particulière de la Hongrie, Transilvanie, Croatie, Sclavonie; Covens & Mortier, Amsterdam.).

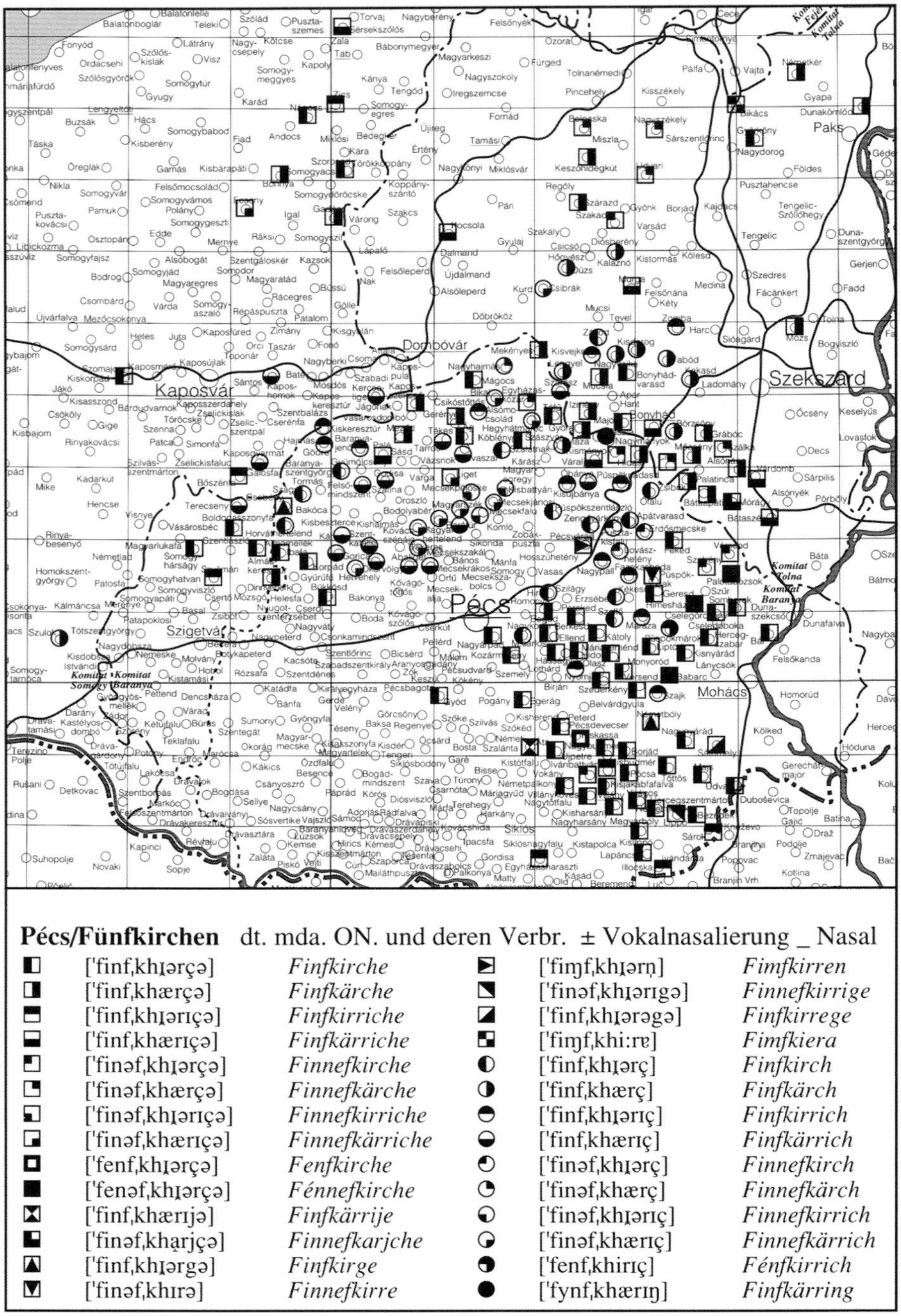

Abb. 23: Die mundartlichen ON der deutschen Bewohner Südtransdanubiens für Pécs (SCHWING 2000, 108)

2.4.7.4. Heute nicht mehr gebräuchliche Lehnübersetzungen von *Quinque Ecclesiae* in weiteren Sprachen

Polnisch: *Pięćiukościołów*
Slowakisch: *Pēt' i Kostole* (KLEMM 10, 11 /sic./); *Pät' kostolie*
Tschechisch: *Pětikostelí*

2.4.8. Benennungen bzw. Schreibungen von *Pécs* in anderen Sprachen

Bulgarisch: *Печ*
Kroatisch: *Pečuh* (vgl. 2.4.6.)
Lettisch: *Pēča*
Litauisch: *Pečas*
Polnisch: *Pecz*
Russisch: *Печ*
Serbisch: *Печиј* (vgl. 2.4.6.)
Türkisch: *Peçe* und *Peçuy* (vgl. 2.4.6.); historisch: پچوی = ['pɛtʃuɪ̯]
Zigeunerisch: *Pechuj, Pecho* (heutige Schreibung, weitere siehe 2.4.6.).

3. Schlusswerte

3.1. *Sopianae*

Die Herleitung des ON aus einem PN ist überzeugend. Dafür spricht vor allem die Bildungsart für Prädiennamen, die in Pannonien nur in Verbindung mit einem (hauptsächlich keltischen) PN erscheint. Auch wenn der für den Wortstamm *Sop-* in Frage kommende PN nicht belegt und daher die letzte Gewissheit nicht gegeben ist, ist diese Deutung vorzuziehen. Der Versuch, den Wortstamm zu einem Appellativ ('Sumpf', 'Borstengras' u. ä.) zu stellen, ist aus morphologischen, chronologischen und etymologischen Gründen äußerst problematisch und unwahrscheinlich. Die *Sup-/Sop-*Wortgruppen erfordern eine weitere Erforschung.

3.2. *Quinque Basilicae*

Der Name ist mit großer Wahrscheinlichkeit nicht erst in karolingischer Zeit, im 9. Jahrhundert entstanden. Es spricht viel dafür, dass er bereits in der ausgehenden Römerzeit seinen Ursprung hat. *Quinque Basilicae* war ursprünglich nicht der Name eines Stadtteils von *Sopianae,* sondern der Name des Standortes der fünf Kirchen außerhalb der Stadt. Die Entstehung des Namens wird man frühestens in die ersten Jahrzehnte des 5. Jahrhunderts ansetzen, in denen es nach dem Erkenntnisstand der Archäologie fünf ihrer Bestimmung dienende sakrale Bauten geben musste. Der Name wurde im weiteren Verlauf auch auf die Stadt übertragen. Auszuschließen ist, dass er nicht für Pécs, sondern für einen anderen Ort im westlichen Pannonien stand.

3.3. *Quinque Ecclesiae*

Der Name knüpft als „aktualisierte" Variante an *Quinque Basilicae* an. Er erscheint zum ersten Mal im Arnolfinum, das um 970–977 entstanden ist, was durch die historische Konstellation und den paläographischen Befund gesichert ist. Es gibt auch keinen Anhaltspunkt, die Besitzbestätigungen D O.II. 165 und D O.III. 1 der kaiserlichen Kanzlei, in denen der Name ebenfalls erscheint, einer späteren Zeit zuzuweisen. Daher ist jegliche Annahme unhaltbar, wonach der Name eine erstmalige und unabhängige Bildung vom Anfang des 11. Jahrhunderts in Ungarn sein soll.

3.4. *Pécs*

Der Name lässt nur eine einzige schlüssige, linguistisch vertretbare Deutung zu, nämlich die Herleitung von einer idg. Satemsprache in der Bed. 'fünf', wahrscheinlich aus der Sprache der um Pécs und Umgebung siedelnden Karpen und weiterer mit diesen sprachlich verwandten, d. h. eine idg. Satem-Sprache sprechenden Volksgruppen. Er ist als Wortteil einer ursprünglichen Parallelbenennung zu lat. *Quinque Basilicae* anzusehen. Die Existenz von Resten der Urbevölkerung aus vor- oder frühawarischer

Zeit (Keszthely-Kultur) von Pécs zur Zeit der ungarischen Landnahme wird von der Archäologie nicht bestätigt. Es ist daher eher anzunehmen, dass der Name durch slawische Vermittlung in das Ungarische gelangte. Die ON *Pečuj* (zig.) und Var., *Pèčūj* (serb.) und *Pèčuh* (kroat.) sind späte Ableitungen zu ung. *Pécs*.

Die angestrebte ganzheitliche Betrachtungsweise führte zu einer wesentlichen, die ganze Studie überdachenden Erkenntnis: Seit der Spätantike, nach dem Untergang des römerzeitlichen Namens Sopianae, gibt es eine durchgehende Namenkontinuität und alle Namen sind um den Angelpunkt der 'fünf sakralen Bauten' etymologisch vernetzt.

Ich hoffe, dass ich mit dem vorliegenden Streifzug durch die Jahrtausende alte Namenwelt von Pécs/Fünfkirchen für deren weitere Erforschung einige neue Impulse geben konnte. Es gibt jedoch noch viel zu tun, und ich möchte mich den bescheidenen Worten von Ernst CHRISTMANN, dem Verfasser der „Siedlungsnamen der Pfalz" (3: 109), anschließen: „Die nach uns kommen, haben immer noch Arbeit genug, unsere Auffassungen zu berichtigen, und wo wir noch im Dämmer oder völligen Dunkel tappen, Licht zu schaffen."

4. Literatur

AIGL Paulus: Historia brevis venerabilis capituli cathedralis ecclesiae Quinque-Ecclesiensis a prima ejusdem origine usque finem anni 1838, concinnata. [Kurze Geschichte des ehrwürdigen Fünfkirchener Domkapitels von dessen Ursprung bis zum Ende des Jahres 1838 zusammengestellt.] Pécs 1838.

ANEN, Peter: Luxemburgs Flurnamen und Flurgeschichte. Luxemburg 1945.

ANREITER, Peter: Die vorrömischen Namen Pannoniens. (Archaeolingua), Budapest 2001.

ASBÓTH Oszkár: Néhány helynévről. [Von einigen Ortsnamen.] In: Magyar Nyelvőr [Nyr.] 30 [1900], 117–119.

Augustinus-Lexikon. Hrsg.: MAYER, P. Cornelius. Bd. 1: 1986–1994, Bd. 2. 1996–2002. Schwabe & Co. AG, Basel.

B. THOMAS, Edit: Arius-Darstellung, eine römerzeitliche Ziegelritzzeichnung aus Kisdorog in Pannonien. Rómaikori téglakarcolatrajz Arius képmásával a pannoniai Kisdorogról. In: A szekszárdi Béri Balogh Ádám Múzeum Évkönyve 4–5. (1973–1974). Szekszárd 1975, 108–116.

Badisches Wörterbuch. Herausgegeben mit Unterstützung des Ministeriums für Wissenschaft und Forschung Baden-Württemberg. Begonnen von Ernst OCHS, weitergeführt von Karl Friedrich MÜLLER und Gerhard W. BAUR, bearbeitet von Rudolf POST. Lahr 1925–.

BALÁZS Mihály: A szekér és az ökör. Adalék a baranyai antitrinitarizmus történetéhez. [Der Wagen und der Ochse. Beitrag zur Geschichte des Antitrinitarismus in der Baranya.] In: Pécs a törökkorban. Tanulmányok Pécs történetéből 7. Red.: SZAKÁLY Ferenc / VONYÓ József. Pécs 1999.

BALICS Lajos: A kereszténység története hazánk mai területén a magyarok letelepedéséig. [Geschichte des Christentums auf dem heutigen Gebiet unseres Vaterlandes bis zur Niederlassung der Ungarn.] Budapest 1901.

BÁNDI Gábor (Red.): Baranya megye története az őskortól a honfoglalásig. [Geschichte des Komitates Baranya von der Urzeit bis zur Landnahme.] Pécs 1979.

BÁRCZI Géza / BENKŐ Loránd / BERRÁR Jolán: A magyar nyelv története. [Geschichte der ungarischen Sprache.] 3. Aufl. Budapest 1980.

BEZERÉDY Győző: Dunaszekcső és Bár története. [Geschichte von Dunaszekcső und Bár.] Dunaszekcső 1975.

BICHIR, Gheorghe: The Archeology and History of the Carpi from the Second to the Fourth Century A.D. [Die Archäologie und Geschichte der der Karpen vom 2. bis zum 4. Jahrhundert n. Chr.] (Part i. BAR Supplementary Series 16(i).) Oxford 1976.

BMFN = Baranya megye földrajzi nevei [Die geographischen Namen des Komitates Baranya.] . Red.: PESTI, János. Bd. 1 – 2. Pécs 1982.

BOROVSZKY Samu: A honfoglalás története. [Geschichte der Landnahme /Ungarns/.] Budapest 1894.

BRUNNER, Karl: Herzogtümer und Marken. Vom Ungarnsturm bis ins 12. Jahrhundert. (Reihe: Österreichische Geschichte 907 – 1156, Bd. 2. Hrsg.: Herwig WOLFRAM). Wien 1994.

BUCK, M[ichael] R[ichard]: Oberdeutsches Flurnamenbuch. 2. Aufl. Bayreuth 1931.

CHRIST, Karl: Geschichte der römischen Kaiserzeit – von Augustus bis zu Konstantin. 2. Aufl. München 1992.

CIL = Corpus Inscriptionum Latinarum. Hrsg.: Berlin-Brandenburgische Akademie der Wissenschaften. 1863–.

Conversio = LOŠEK, Fritz: (Hrsg.) Die Conversio Bagoariorum et Carantanorum und der Brief des Erzbischofs Theotmar von Salzburg. (Monumenta Germaniae Historica. Studien und Texte. 15.) Hannover 1997.

CSÁNKI Dezső: Magyarország történelmi földrajza a Hunyadiak korában. [Historische Geographie Ungarns in der Zeit der Hunyadi Dynastie.] Bände 1 – 2., 5. Budapest, 1890 – 1913. 6. Band von FEKETE-NAGY Antal: Trencsén.

DÉCSY Gyula: Linguistische Sinndeutungen V. Nr. 53., Ung. Pécs. In: Ural-altaische Jahrbücher 54. Berlin 1982, 108.

DENIS, Auguste: Histoire de Suippes. [Geschichte von Suippes.] 1885. Nachdruck: Paris, Res Universis 1989.

Der neue PAULY. Enzyklopedie der Antike. 11. Hrsg.: Hubert CANCIK und Helmut SCHNEIDER. Stuttgart – Weimar 2001.

Deutsches Wörterbuch, siehe DWb.

DITTMAIER, Heinrich: Das apa-Problem. Untersuchung eines westeuropäischen Flussnamentypus. (Bibliotheca Onomastica 1. Louvain 1955).

DOTTIN, Georges: La Langue gauloise. [Die gallokeltische Sprache.] Paris 1918.

DURIDANOV, Ivan: Die Sprache der Thraker. Bulgarische Sammlung, Bd. 5. Hrsg.: Wolfgang GESEMANN, et al. Neuried 1985.

DWb. = Jacob und Wilhelm GRIMM: Deutsches Wörterbuch. Leipzig 1854 – 1960.

ERBEN, Wilhelm: Karolingische und ottonische Besitzbestätigungen für das Erzstift Salzburg. In: Innsbrucker Festgruß von der Philosophischen Fakultät [...] [1909], 40 – 74.

FABRE, Paul: L'affluence hydronomique de la rive droite du Rhône. Essai de microhydronymie. [Die Namen der Zuflüsse der rechten Seite der Rhône. Mikrohydronomische Studie.] Centre d'Etudes occitanes. Montpellier 1980.

FÉNYES Elek: Magyarország geographiai szótára. [Geographisches Wörterbuch Ungarns.] 1 – 4. Pest 1851.

FITZ Jenő: Die Verwaltung Pannoniens in der Römerzeit. 3. Budapest 1994.

FNESz.[4] = KISS, Lajos: Földrajzi nevek etimológiai szótára. [Etymologisches Wörterbuch der geographischen Namen.] Budapest 1978. Unveränderte Auflagen: 1980[2], 1983[3], 1 – 2., erweiterte und verbesserte Auflage: 1988[4].

FODOR Pál: Egy pécsi származású oszmán történetíró: Ibrahim Pecsevi. [Ein aus Pécs stammender osmanischer Geschichtsschreiber: Ibrahim Pecsevi.] In: Pécs a törökkorban (Tanulmányok Pécs történetéből, 7.). Red.: SZAKÁLY Ferenc / VONYÓ József. Pécs 1999, 107 – 130.

FÜLEP Ferenc. Beiträge zur frühmittelalterlichen Geschichte von Pécs (Sopianae – Quinque Basilicae – Fünfkirchen). In: Acta Archaeologica Academiae Scientiarum Hungaricae 25. Budapest 1973, 307 – 326.

GÁBOR Olivér: Népvándorlás kori szekerce a Mecsek lábánál. [Axt aus der Völkerwanderungszeit am Fuße des Mecsek-Gebirgs.] In: A Mecsek Egyesület Évkönyve. Pécs 2008, 32 – 46.

GLASER, Franz: Églises doubles ou familles d'églises: Les cinq églises du Hemmaberg (Mont Sainte-Hemma). [Doppelkirchen oder Kirchengruppen: Die fünf Kirchen vom Hemmaberg (Berg Heilige-Emma).] In: Antiquité Tardive 4. Praha 1996, 142 – 148.

GLASER, Franz: Frühes Christentum im Alpenraum: Eine archäologische Entdeckungsreise. Regensburg – Graz – Wien 1997.

GLASER, Franz: Frühchristliche Kirchen an Bischofssitzen, in Pilgerheiligtümern und in befestigten Höhensiedlungen. In: H. R. SENNHAUSER (Hrsg.), Frühe Kirchen im östlichen Alpengebiet. Von der Spätantike bis in ottonische Zeit (2003), 869ff.

GLASER, Franz: Christentum zur Ostgotenzeit in Noricum (493 – 536). Die Kirchen auf dem Hemmaberg und das Gräberfeld im Tal. In: Mitteilungen zur Christlichen Archäologie 10. (2004), 80ff.

GRAF András: A Pannonia ókori földrajzára vonatkozó kutatások áttekintő összefoglalása. GRAF, Andreas: Übersicht der antiken Geographie von Pannonien. (Dissertationes Pannonicae Ser. I. Fasc. 5) /deutsch/. Budapest 1936.

GREULE, Albrecht: Ortsnamen-Interferenzen im römischen Bayern. (Im Druck.)

GUNJAČA, Stjepan: Ispravci i dopune starijoj hrvatskoj historiji. [Berichtigungen und Ergänzungen zur älteren kroatischen Geschichte.] 3. Zagreb 1975.

GYÖRFFY György: Das Güterverzeichnis des griechischen Klosters Szávaszentdemeter (Sremska Mitrovica) aus dem 12. Jahrhundert. In: Studia Slavica Academiae Scientiarum Hungaricae. 5. (1959), 9 – 74.
GYÖRFFY György: Az Árpád-kori Magyarország történeti földrajza. – Geographia Historica Hungariae Tempore Stirpis Arpadiane. [Historische Geographie Ungarns der Árpáden-Zeit.] 1. Budapest 1966.
GYÖRFFY György: István király és műve. [König Stephan und sein Werk.] 2. Aufl. Budapest 1983.
GYÖRFFY György: Der Donauraum zwischen Bayern, Mähren und Ungarn im 10. Jahrhundert. In: Baiern, Ungarn und Slawen im Donauraum. Reihe: Forschungen zur Geschichte der Städte und Märkte Österreichs. Band 4: Willibald KATZINGER und Gerhart MARCKHGOTT (Red.). Linz 1991, 41 – 54.
GYÖRFFY György (Red.): Diplomata Hungariae Antiquissima. [Die ältesten Urkunden Ungarns.] Vol. I. Budapest 1992.
HAAS Mihály: Baranya földirati, statisticai és történeti tekintetben. [Baranya hinsichtlich der Geographie, Statistik und Geschichte.]. Pécs 1845.
Хакимзянов, Ф. С.: Булгарский язык. [Bulgarische Sprache.] In: Ярцева, В. Н. / Солцев, В. М. / Толстой, Н. И. (Hrsg.): Языки мира: Тюрские языки [Sprachen der Welt: Turkische Sprachen.] (Институт языкознания РАН, Российская академия наук). М: Издателъство "Индрик". Москва 1997.
HAUBRICHS, Wolfgang: Germania submersa. Zu Fragen der Quantität und Dauer germanischer Siedlungsinseln im romanischen Lothringen und Südbelgien. In: Verborum Amor. Festschrift Stefan Sonderegger. Berlin, New York 1992, 633 – 666.
HOLDER, Alfred: Alt-celtischer Sprachschatz. 1 – 3. Leipzig 1891f.
HOLUB József: Pécs város pecsétjei. In: JPMÉ 1958, 137–146.
HUNFALVY Pál: Az oláhok története. [Geschichte der Rumänen.] 1 – 2. Budapest 1894.
HUSCHNER, Wolfgang: Transalpine Kommunikation im Mittelalter. Diplomatische, kulturelle und politische Wechselwirkungen zwischen Italien und dem nordalpinen Reich (9. – 11. Jahrhundert) I. (Monumenta Germaniae Historica. Schriften; 52.). Hannover 2003.
ItAnt = Itinerarium Antonini, siehe die Fußnote 1.
JEŠINA, P. Josef: Romani Cib oder die Zigeuner-Sprache. Leipzig 1886.
JPMÉ = A Janus Pannonius Múzeum évkönyve. [Jahrbuch des Janus Pannonius Museums.] Pécs 1956 –.
JUHÁSZ László: Baranya vármegye és Pécs város régészete. [Archäologie des Komitates Baranya und der Stadt Pécs.] Pécs 1894.
KISS Lajos, siehe FNESz.[4]
KLEMM Antal: Pécs és a Mecsek neve. [Die Namen von Pécs und Mecsek.] In: Pannonia 1 –3. Red. Kastner, Jenő. Pécs 1935, 3 – 20.
KLUGE[22] = KLUGE, Friedrich: Etymologisches Wörterbuch der deutschen Sprache. 22. Aufl. Berlin – New York 1989.

KNIEZSA István: A párhuzamos helynévadás. Egy fejezet a településtörténet módszertanából. [Die parallele Ortsnamenbenennung. Ein Kapitel aus der Methodik der Siedlungsgeschichte.] Budapest 1944.

KNIEZSA István: Helyesírásunk története a könyvnyomtatás koráig. [Geschichte unserer Orthographie bis zu Beginn des Buchdrucks.] In: Nyelvészeti Tanulmányok 2. Budapest 1952.

KNIEZSA István: Pécs város neve. [Name der Stadt Pécs.] In: Magyar Nyelvőr [Nyr.]. Budapest 1962, 326–329.

KNIEZSA István: A magyar nyelv szláv jövevényszavai. [Die slawischen Lehnwörter der ungarischen Sprache.] 1–2. 2. Aufl. Budapest 1974.

KOLLER, Heinrich: Der östliche Salzburger Besitz im Jahre 860. In: Burgenländische Heimatblätter 22. Eisenstadt 1960, 89–106.

KOLLER, Heinrich: König Arnolfs großes Privileg für Salzburg. In: Mitteilungen der Gesellschaft für Salzburger Landeskunde. Salzburg 1970, 65–75.

KOLLER Josephus: Historia Episcopatus Quinque Ecclesiensis. [Geschichte des Fünfkirchener Bistums.] Posonii [Preßburg] 1782.

KOLLER Josephus: Prolegomena in Historiam Episcopatus Quinqueecclesiarum. [Einführung in die Geschichte des Fünfkirchener Bistums.] Posonii [Preßburg] 1804.

KÖRBER-GROHNE, Udelgard: Nutzpflanzen in Deutschland. Kulturgeschichte und Biologie. Stuttgart 1988.

KORABINSKY, Johann Matthias: Geographisch-historisches und Produkten Lexikon von Ungarn. Preßburg [1786].

KRAHE, Hans: Unsere ältesten Flussnamen. Wiesbaden 1964.
KRAHE, Hans: Unsere ältesten Flussnamen. Wiesbaden 1964.
KRAHE, Hans: Der Flußname Apsa. In: Indogermanica. Festschrift W. Krause. Heidelberg 1960, 44–50.

KRETSCHMER, Paul: Zum Balkan-Skythischen. In: Glotta 24. (1935), 1–56.

KÜBLER, August: Die romanischen und deutschen Örtlichkeitsnamen des Kantons Graubünden. (Sammlung romanischer Elementar- und Grundwörter 3. Reihe: Wörterbücher, 4. Hrsg.: Wilhelm MEYER-LÜBKE.) Heidelberg 1926.

LEBEL, Paul: Principes et méthodes d'hydronomie française. [Grundsätze und Methoden der französischen Hydronymie.] (Publications de l'Université de Dijon XIII.) Paris 1956.

LOŠEK, Fritz, siehe Conversio.

MÁDY Zoltán: Sopianae. In: Antik Tanulmányok [AntTan.] 10. Budapest 1963, 47–50.

MAKKAY János: A honfoglalás bolgár modelje. Dunai bolgárok és bolgár-szlávok a Kárpát-medencében. [Bulgarisches Modell der Landnahme. Donau-Bulgaren und Bulgaro-Slawen im Karpatenbecken.] Selbstverlag. Budapest 2007[1].

MAKKAY János: Pécs – Quinque Ecclesiae. A sírkamrák és a katakombák. [Die Grabkammern und die Katakomben.] Selbstverlag. Budapest 2007[2].

MARSTRANDER, Carl: Bidrag til det norske sprogs Historie i Irland. [Beitrag zur Geschichte der norwegischen Sprache in Irland.] Oslo 1942. Videnskapsselskapets Skrifter, hist.-fil. Kl. 5. (Christiania [Oslo] 1915).

MARUSHIAKOVA, Elena / POPOV, Vesselin: Gypsies in the Ottoman Empire. Hertfordshire. 2001.

MAURER, Friedrich: Nordgermanen und Alemannen. Studien zur germanischen und frühdeutschen Sprachgeschichte, Stammes und Volkskunde. 3. Aufl. Bern – München 1952.

MAYER, Anton: Die Sprache der alten Illyrier. 1. Wien 1959.

MAYER, P. Cornelius, siehe Augustinus-Lexikon.

MEIER, Harri: Drei heilige Kühe. 1. Die Suppe. In: Romanische Forschungen 98 (1986), 245–249.

MELICH János: Brassó és Kronstadt. In: Magyar Nyelvőr [Nyr.] 29. [1900], 509 – 512.

MELICH János: A Honfoglaláskori Magyarország. [Das Ungarn der Landnahmezeit.] Budapest 1925.

MENGES, Karl Heinrich: The Turkic languages and peoples: An introduction to Turkic studies. 2. Aufl. Wiesbaden 1996.

MÉSZÁROS Ede: Sopianae, Pécs rómaikori neve. [Sopianae, römerzeitlicher Name von Pécs.] (A Pécsi Városi Múzeum Kiadványai 3.) Pécs 1936.

MEZEY Barna et al. (Red.): A magyarországi cigánykérdés dokumentumokban. [Die Zigeunerfrage Ungarns in Dokumenten.] [Budapest] 1986.

MGH = Monumenta Germaniae Historica. Die Urkunden der Deutschen Könige und Kaiser. Herausgegeben von der Gesellschaft für ältere deutsche Geschichtskunde. 2,1. = D O.II.: Die Urkunden Otto des II. Hannover 1888. Bearbeitet von SICKEL, Theodor. Im Bes.: Urk. 165., Seite 185.; Urk. 275., Seite 319. – 2,2. = D O.III.: Die Urkunden Otto des III. Hannover 1893. Bearbeitet von SICKEL, Theodor. Im Bes.: Urk. 1., Seite 393. – 5. = D. H.III.: Die Urkunden Heinrichs III. Berlin 1931. Bearbeitet von BRESSLAU, H. und KEHR, P. Im Bes.: Urk. 260., Seite 345. – 6. = Die Urkunden Heinrichs IV. 1941–1978. Bearbeitet von GLADIS, Dietrich und GAWLIK, Alfred. Im Bes.: Urk. 4., Seite 5. – Die Urkunden der Deutschen Karolinger. Herausgegeben vom Reichsinstitut für ältere deutsche Geschichtskunde. Bearbeitet von KEHR, Paul. 1. = D LD = Die Urkunden Ludwigs des Deutschen. Berlin 1934. Im Bes.: Urk. 102., Seite 147. – 3. = DA: Die Urkunden Arnolfs. Berlin 1940. Im Bes.: Urk. 184., Seite 281. Die Urk. ist mit Salzb-Urkb. 2. Urk. 34, Seite 56. identisch. (Die digitalen Monumenta = dMGH).

MIKLOSICH, Franz: Die Bildung der slavischen Personen- und Ortsnamen. Heidelberg 1927.

MÓCSY A. / FITZ J. / LŐRINCZ B.: Pannonia régészeti kézikönyve. [Archäologisches Handbuch Pannoniens.] Akadémiai Kiadó. Budapest 1990.

NAGY Tibor: A pannóniai kereszténység története a római védőrendszer összeomlásáig. Die Geschichte des Christentums in Pannonien bis zu dem Zusammenbruch des römischen Grenzschutzes. Budapest 1939.

ÓMOlv. = JAKUBOVICH, Emil / PAIS, Dezső: Ó-magyar olvasókönyv. [Altungarisches Lesebuch.] Pécs 1929.

OREL, Vladimir: Albanian Etymological Dictionary. Leiden – Boston – Köln 1998.

PALUGYAY Imre: Magyarország leírása. Pest 1853.

PAPANEK Georgius: Geographica descriptio comitatus Baranyensis. [Geographische Beschreibung des Komitates Baranya.] Quinque-Ecclesiis [Pécs] 1783.

PAULY-WISSOWA = Paulys Real-Encyclopädie der classischen Alterthumswissenschaft. 1837 –.

PEDERSEN, Holger: Vergleichende Grammatik der keltischen Sprachen. 1. Einleitung in die Lautlehre. (Göttinger Sammlung indogermanischer Grammatiken.) Göttingen 1909.

PESTI János: Pécs földrajzi neveinek eredete. Pécs 2004.

Pfälzisches Wörterbuch. Begründet von Ernst CHRISTMANN, fortgeführt von Julius KRÄMER, bearbeitet von Rudolf POST unter Mitarbeit von Josef SCHWING und Sigrid BINGENHEIMER. 1 – 6., 1 Ergänzungsband. Franz Steiner Verlag, Wiesbaden/ Stuttgart 1965–1997. ©Akademie der Wissenschaften und der Literatur, Mainz.

POHL, Walter: Die Awaren. Ein Steppenvolk in Mitteleuropa 567 – 822 n. Chr. Reihe ‚Frühe Völker', Hrsg.: Herwig WOLFRAM, München 2002.

POKORNY, Julius: Indogermanisches etymologisches Wörterbuch. 1 – 2. Bern – Stuttgart 1959, 2. Aufl. 1989.

POPOVIĆ, Ivan: Geschichte der serbokroatischen Sprache. Wiesbaden 1960.

RADNÓTI Aladár: Pannóniai városok élete a korai feudalizmusban. [Das Leben der pannonischen Städte im frühen Feudalismus.] MTA Társ. Tört. Oszt. Közl. Budapest 1954.

RATZINGER, Joseph [jetziger Name: Benedictus <Papa, XVI.>]: Volk und Haus Gottes in Augustins Lehre von der Kirche. (Münchener theologische Studien 2., Systematische Abteilung 7.) Diss. München 1953.

REICHENKRON, Günter: Das Dakische (rekonstruiert aus dem Rumänischen). Heidelberg 1966.

REUTER Camillo: Pécs város neve. [Name der Stadt Pécs.] In: JPMÉ 1960, 255 – 270.

REUTER Camillo: Újabb adat Pécs város középkori latin nevéhez. [Erneuter Beitrag zum mittelalterlichen Namen von Pécs.] In: JPMÉ 1962, 195 – 198.

Rheinisches Wörterbuch. Im Auftrag der Preußischen Akademie der Wissenschaften herausgegeben von Josef MÜLLER, Heinrich DITTMAIER, Rudolf SCHÜTZEICHEL und Matthias ZENDER. 1 – 9. Bonn/Berlin 1928 – 1971.

ROHR, Christian: Ein gefälschtes Mittelalter? Methoden der Historischen Hilfswissenschaften zur Analyse von Urkunden. Vortrag im Rahmen der Ringvorlesung „Kriminelles Mittelalter", 22. November 2004. [Universität Salzburg.].

RUSSU, Ion I.: Die Sprache der Thrako-Daker. Bucureşti 1969.

RUSSU, Ion I.: Der thrakische Ursprung der Rumänen und Albanesen. Cluj-Napoca 1995.

SALAMON Ferencz: Mosaburg és megyéje. [Mosaburg und ihr Komitat.] In: Századok 16. Budapest 1882.

SalzbUrkb. = Salzburger Urkundenbuch. Hrsg. von der Gesellschaft für Salzburger Landeskunde. Ges. und bearb. von Willibald HAUTHALER. Selbstverl. der Gesellschaft für Salzb. Landeskunde. Salzburg 1–4. (1910–1933). – 2. (1916): Urkunden von 790–1199. Im Bes.: Urk. 34, Seite 56. Die Urk. ist mit MGH 3 = DA. Urk. 184., Seite 281 identisch.

SANSON, Nicolas: Atlas nouveau, contenant toutes les parties du monde ... [Neuer Atlas, sämtliche Teile der Welt beinhaltend ...] Paris [1692].

SCHMID, Anneliese: Die ältesten Namenschichten im Stromgebiet des Neckar. In: Beiträge zur Namenforschung 12. Hrsg.: Hans KRAHE. Heidelberg 1961, 197–214, 225–249.

SCHRAMM, Gottfried: Anfänge des albanischen Christentums. Die frühe Bekehrung der Bessen und ihre langen Folgen. Freiburg 1994.

SCHRAMM, Gottfried: Ein Damm bricht. Die römische Donaugrenze und die Invasionen des 5.–7. Jahrhunderts im Lichte von Namen und Wörtern. München 1997.

Schwäbisches Wörterbuch = FISCHER, Hermann / PFLEIDERER, Wilhelm: Schwäbisches Wörterbuch. 1–6. Tübingen 1904–1936.

Schweizerisches Idiotikon = STAUB, Friedrich / TOBLER, Ludwig / BACHMANN, Albert, et al.: Schweizerisches Idiotikon. Wörterbuch der schweizerdeutschen Sprache. Frauenfeld 1881ff.

SCHWING, Josef: Die deutschen Ortsnamen Südtransdanubiens (Ungarn). (In: Suevia Pannonica. Archiv der Deutschen aus Ungarn. Jg. 18 /28/.) Speyer 2000, 90–127.

SIMONYI Dezső: Pécs 'Quinque Ecclesiae' nevének eredetéről. [Über den Ursprung des Namens 'Quinque Ecclesiae' für Pécs.] In: Antik Tanulmányok (AntTan.) [Antike Studien.] 6. Budapest 1959, 87–103.

ŠIŠIĆ, Ferdo (Red.): Letopis Popa Dukljanina. [Chronik des Popen Dukljanin.] Beograd–Zagreb 1928.

ŠMILAUER Vladimír: Handbuch der slawischen Toponomastik. Praha 1970.

STESSEL József: Zalavár és Pécs Privina tartományában. [Zalavár (= Mosaburg) und Pécs in Privinas Gebiet.] In: Századok 1902.

SZITA László: Adatok a török megszállás alatti Pécs népességének alakulásához. [Beiträge zur Bevölkerungsentwicklung von Pécs während der türkischen Besetzung.] In: Tanulmányok Pécs történetéből. [Studien zur Geschichte von Pécs.] Pécs 1995.

SZŐKE Béla Miklós: Karoling-kor. [Karolingerzeit.] Évezredek üzenete a láp világáról. [Botschaft der Jahrtausende aus der Welt des Moors.] Kaposvár – Zalaegerszeg 1996.

SZŐNYI Ottó: A pécsi őskeresztény sírkamra. [Die Pécser frühchristliche Grabkammer.]. Budapest 1907.

TESz. = A magyar nyelv történeti-etimológiai szótára. [Historisch-etymologisches Wörterbuch der ungarischen Sprache.] Chefred.: BENKŐ Loránd, Red.: KISS Lajos et. al. 1–3. Budapest 1967–1976, 4. Register 1984.

TÓTH Endre: Bemerkungen zur Kontinuität der römischen Provinzialbevölkerung in Transdanubien (Nordpannonien). In: HÄNSEL, Bernhard (Hrsg.): Die Völker Südosteuropas im 6. bis 8. Jahrhundert. (Südosteuropa-Gesellschaft, 17.) München 1987, 251–264.

TÓTH Endre: Az alsóhetényi 4. századi erőd és temető kutatása 1981–1986. Eredmények és vitás kérdések. [Vorbericht über die Ausgrabungen der Festung und des Gräberfeldes von Alsóhetény 1981–1986. Ergebnisse und umstrittene Fragen.] In: ArchÉrt. 114–115 (1987–1988), 22–61.

TÓTH Endre: A Quinque Basilicae – Quinque Ecclesiae helynevek lokalizálásához és értelmezéséhez. [Zur Lokalisierung und Deutung der Ortsnamen Quinque Basilicae – Quinque Ecclesiae.] In: JPMÉ, Jg. 36. Pécs 1991, 101–107.

TÓTH Endre: Karpen in der Provinz Valeria. Zur Frage der spätrömischen eingeglätteten Keramik in Transdanubien. In: Communicationes Archæologicæ Hungariæ. Budapest 2005, 363–391.

TÓTH Endre: A pogány és keresztény Sopianae. [Das heidnische und christliche Sopianae.] In: Specimina nova Universitatis Quinqueecclesiensis XX. Pécs 2006, 49–102.

UDOLPH, Jürgen: Studien zu slavischen Gewässernamen und Gewässerbezeichnungen. Ein Beitrag zur Frage der Urheimat der Slaven. Heidelberg 1979.

UDOLPH, Jürgen: Zur frühen Gliederung des Indogermanischen. In: Indogermanische Forschungen 86. (1981), S. 30–70.

UDOLPH, Jürgen: Die Schichtung der Gewässernamen in Pannonien. In: Ural-Altaische Jahrbücher. Neue Folge 15. 1997, 90–106.

UDOLPH, Jürgen: Karpaten. Namenkundliches. In: Reallexikon der Germanischen Altertumskunde, Bd. 16, Berlin–New York 2000, 317–318.

UDOLPH, Jürgen: Alemannien und der Norden aus der Sicht der Ortsnamenforschung. In: Alemannien und der Norden. Berlin–New York 2004, 29–56.

VÁLYI András: Magyarországnak leírása. [Beschreibung Ungarns.] 3. Buda 1799.

VASMER, Max: Untersuchungen über die ältesten Wohnsitze der Slaven. I: Die Iranier in Südrußland. (Veröffentlichungen des baltischen und slavischen Instituts an der Universität Leipzig 3. Hrsg.: Georg GERULLIS und Max VASMER.) Leipzig 1923.

VÉKONY Gábor: A Karoling Birodalom „délkeleti" határvédelme kérdéséhez. [Zur Frage des „südöstlichen" Grenzschutzes des Karolingerreiches.] In: Komárom megyei múzeumok közleményei 2. Tata 1986, 43–75.

VINCENT, Auguste: Toponymie de la France. [Toponymie Frankreichs.] Bruxelles 1937.

VISY Zsolt: Die ländliche Besiedlung und Landwirtschaft in Niederpannonien. In: H. BENDER / H. WOLFF (Hrsg.): Die ländliche Besiedlung und Landwirtschaft in den Rhein-Donau-Provinzen des Römischen Reiches. Passauer Universitätsschriften zur Archäologie 2. 1994, 421–449.

VISY Zsolt: Adatok Sopianae ókeresztény leletegyüttesének értékeléséhez. [Daten zur Bewertung des frühchristlichen Fundkomplexes von Sopianae.] In: A Pécsi Világörökség. Örökségi Füzetek 2. Pécs 2003, 117–123.

VISY Zsolt: The Roman frontiers and the Barbarians. In: Zsolt VISY (Red.): Limes XIX. Proceedings of the XIXth International Congress of Roman Frontier Studies Held in Pécs, Hungary, September 2003. Pécs 2005, 214ff.

VISY Zsolt: Der spätrömische Limes von Valeria und die spätrömischen Villensiedlungen, mit besonderer Berücksichtigung der Ville von Babarc. Manuskript, 2009.

WIESINGER, Peter: Antik-romanische Kontinuitäten im Donauraum von Ober- und Niederösterreich am Beispiel der Gewässer-, Berg- und Siedlungsnamen. In: Typen der Ethnogenese unter besonderer Berücksichtigung der Bayern. Teil 1. (Veröffentlichungen der Kommission für Frühmittelalterforschung. 12.); Hrsg.: Herwig WOLFRAM und Walter POHL. Wien 1990, 261 – 326, 2 Ktn.

WIESINGER, Peter: Zur Morphologie der bairischen Ortsnamen im Althochdeutschen. In: Philologie der ältesten Ortsnamenüberlieferung. Kieler Symposion 1. bis 3. Oktober 1991, Hrsg.: Rudolf SCHÜTZEICHEL. (Beiträge zur Namenforschung. Neue Folge. Hrsg.: Rolf BERGMANN et al. Beiheft 40.) Heidelberg 1992.

WOLFRAM, Herwig: Conversio Bagoariorum et Carantanorum. Das Weissbuch der Salzburger Kirche über die erfolgreiche Mission in Karantanien und Pannonien. Wien – Köln – Graz 1979.

WOLFRAM, Herwig: Salzburg, Bayern, Österreich. Die Conversio Bagoariorum et Carantanorum und die Quellen ihrer Zeit. Wien 1995.

WOLL, Dieter: Port.-span. *sopa,* frz. *soupe,* dt. *Suppe* und rhein. *zoppen* 'eintauchen'. In: Dieter KREMER (Hrsg.): Homenagem a Joseph M. PIEL por ocasião do seu 85.º aniversário. Tübingen 1988, 449 – 460.

ZECCHINI, Giuseppe: Föderalismus in der Spätantike: Die Entstehung der föderierten Germanenstaaten auf römischem Reichsboden. In: Föderalismus in der griechischen und römischen Antike. Hrsg.: Peter SIEVERT und Luciana AIGNER-FORESTI. Franz Steiner Verlag 2005.

ZIMMER, Heinrich: Über die frühesten Berührungen der Iren mit den Nordgermanen. In: Sitzungsberichte der Königlich Preußischen Akademie der Wissenschaften zu Berlin. 1891,1. 279ff.

5. Zeichenerklärung und Erläuterungen

5.1. Abkürzungen

a.	= anno (vor Jahreszahl)
ags.	= angelsächsisch
ahd.	= althochdeutsch
ai.	= altindisch
air.	= altirisch
aisl.	= altisländisch
aksl.	= altkirchenslawisch
Art.	= Artikel
asl.	= altslawisch
Bed.	= Bedeutung
Bez.	= Bezeichnung

BW	= Bestimmungswort
D	= Diplom
DA	= Diplom Arnolf
D LD	= Diplom Ludwig der Deutsche
D O.II.	= Diplom Otto II.
D O.III.	= Diplom Otto III.
D H.III.	= Diplom Heinrich III.
D H.IV.	= Diplom Heinrich IV.
Dim.	= Diminutiv (Verkleinerung)
dt., Dt.	= deutsch
f.	= Femininum (weiblich)
FlN	= Flurname
frühnhd.	= frühneuhochdeutsch
frz.	= französisch
germ.	= germanisch
GewN	= Gewässername
Ggs.	= Gegensatz
griech.	= griechisch
GrW	= Grundwort
hist.	= historisch
idg.	= indogermanisch
Iter.	= Iterativ
Jh.	= Jahrhundert
kajkav.	= kajkavisch, kaikavisch
kelt.	= keltisch
Koll.-Pl.	= Kollektiv-Plural
lett.	= lettisch
lit.	= litauisch
m.	= Maskulinum (männlich)
mda.	= mundartlich
mnd.	= mittelniederdeutsch
mnl.	= mittelniederländisch
n.	= Neutrum (sächlich)
nhd.	= neuhochdeutsch
ON	= Ortsname(n)
pers.	= persisch
Pl.	= Plural (Mehrzahl)
PN	= Personenname(n)
Präp.	= Präposition
rät.	= rätoromanisch
rum.	= rumänisch
S.	= Seite(n)

schw.	= schwaches Verb
serb.	= serbisch
serbokroat.	= serbokroatisch
slaw.	= slawisch
slowen.	= slowenisch
st.	= starkes Verb
ung.	= ungarisch
vgl.	= vergleiche
z. B.	= zum Beispiel
zig.	= zigeunerisch
zit.	= zitiert
Zs.	= Zusammensetzung(en)

5.2. Schriftzeichen

5.2.1. API-Lautschrift (in Auswahl)

[ã]	= nasaliertes <a>
[ẽ]	= geschlossenes, nasaliertes <e>, vgl. *ê*
[ɛ]	= mitteloffenes, orales <e>
[ɛ̠]	= zwischen [ɛ] und [ə] gebildetes <e>
[ɛ̝]	= etwas geschlosseneres [ɛ] (Artikulationsstelle zwischen [ɛ] und [e])
[ɛ̃]	= mitteloffenes, nasaliertes <e>, vgl. *ę*
[ĩ]	= nasaliertes <i>
[ɪ]	= offenes <i>
[õ]	= nasaliertes <o>
[ø]	= geschlossenes <ö>
[ũ]	= nasaliertes <u>
[ʊ]	= offenes <u>
[y]	= geschlossenes <ü>
[ʏ]	= offenes <ü>
[ə]	= Zentralvokal (Murmelvokal, Schwa)
[ʃ]	= stimmloses <sch>
[ʒ]	= stimmhaftes <sch>, ung. <zs>
[ç]	= palataler Frikativ (Reibelaut) (Ichlaut)
[x]	= velarer Frikativ (Reibelaut) (Achlaut)
[ţ]	= palatalisierter dentaler stimmloser Plosiv (Verschlusslaut), vgl. *ć*
[tʃ]	= <tsch>, vgl. *č*, *ç*
[:]	= lang (Artikulationsdauer)
[·]	= halblang (Artikulationsdauer)

5.2.2. Sonstige Schriftzeichen

å	= kurzes *a* [a] in der Umschrift des BMFN
ê	= albanisch, nasaliertes, geschlossenes, langes <e> (API [ẽ:])
ę	= 1. lat. *æ, ae,* in Urkunden, 2. [ɛ̃], nasaliertes offenes <e> (Slavistik)
ë	= albanisch, Zentralvokal (API [ə])
è	= 1. frz. <*è*>, 2. *è* (Slavistik) – kurzes, mitteloffenes <e>
ė	= kurzes, dem API [ɛ̣] entsprechendes <e> (Turkologie)
ĕ	= Zentralvokal [ə] (Turkologie)
ū	= langes, geschlossenes <u> (in versch. Lautschriftsystemen)
š	= [ʃ] <sch>
č	= 1. serbokroat. < *č*>, dt. <*tsch*>; 2. in versch. Lautschriften für [tʃ]
ç	= türk. [tʃ] <tsch>, vgl. *č*
c	= türk. [dʒ] <dsch> (stimmhafte Affrikata, wie ung. <dzs>)
ć	= serbokroat. [ţ], (ung. <ty>)
y	= türk. [j], dt. <j>
k^{u}	= idg., labiovelarer Tenuis
k'	= palatalisiertes *k* (Indogermanistik, Slavistik)
ḫ	= velarer Reibelaut (dt. <*ch*>, Achlaut) (Turkologie)
m̥	= silbisches <m> (Indogermanistik)
' '	= Bedeutungsangabe
< _ >	= orthographische Schreibung
_ > _	= wird ersetzt durch (z. B. ein Laut durch einen anderen)
[_]	= 1. API-Lautschrift, 2. Ergänzung des Autors, 3. Auslassung in Zitaten
*	= sprachhistorisch erschlossene, nicht belegte Form
↑	= Verweis auf ein Stichwort innerhalb eines Abschnitts

5.3. Erläuterung wissenschaftlicher Termini

Ablaut: der; regelmäßiger Wechsel bestimmter Vokale in den Stammsilben etymologisch gleicher Wörter (Wortfamilien). Der Ablaut ist ein wichtiges Charakteristikum des Indogermanischen. Man unterscheidet zwischen Abstufung: Normalstufe (Vollstufe), Dehnstufe und Schwundstufe: Schwächung (Vollvokal > [ə]) oder Schwund des Vokals sowie Abtönung *(e ~ o)*. Der Ablaut im Deutschen ist ein Relikt aus indogermanischer Zeit; es gibt ihn vor allem in den „starken" Verben (z. B. *springen, sprang, gesprungen; geben, gab, gegeben; graben, grub, gegraben;* dazu: *Sprung, Grab, Grube).* ↑Umlaut.

Ableitungssuffix: das; nicht frei vorkommendes Wortbildungselement zur Bildung eines neuen Wortes, z. B. *Mensch + -heit > Menschheit, Heil + -sam > heilsam.* ↑denominales Adjektivsuffix.

Adverb: das; Umstandswort, das die Bedeutung von Verben, Adjektiven u. a. modifiziert. Adverben sind z. B. *jetzt, dorthin, anders.*

Affrikata: die; enge Verbindung eines Verschlusslautes und eines Reibelautes, z. B. dt. <*z*> [ts], <*tsch*> [tʃ], ung. <*c*> [ts], <*cs*> [tʃ].

Apokope: die; Wegfall eines Sprachlautes am Wortende, z. B. *im Lande > im Land.*

Appellativ: das. ↑Gattungsname.

Attribut: das; Beifügung; meist der Wortart Adjektiv angehörend, das zur näheren Bestimmung von Wörtern oder Satzteilen verwendet wird, z. B. *weites Land.*

attributiv: das ↑Attribut betreffend, als Attribut gebraucht.

Auxiliarveteran: der; Veteran, altgedienter Soldat in Auxiliartruppen (Hilfstruppen) römischer Legionen.

Bestimmungswort: das; Abk.: BW, erster Wortteil eines ↑Kompositums, der der Bedeutung des ↑Grundwortes eine einschränkende Spezifizierung gibt; z. B. *früh* in *Frühgeschichte, Haus* in *Hausfrau.*

Cognomen: das; Beiname, dritter Bestandteil der römischen Personennamengebung, urspr. Spottname, der zum Bestandteil des Familiennamens wurde; z. B. Crassus 'fett'. ↑Nomen.

Deditio: die; Wenn barbarische Volksstämme innerhalb der Grenzen des Römischen Reiches aufgenommen werden wollten, geschah dies durch die *deditio,* indem sie sich den Römern ergaben, auf ihren früheren Status verzichteten, *dediticii* wurden, d. h. sich in Abhängigkeit der Römer begaben. Meist wurden die *dediticii* in wenig oder kaum bewohnten Grenzgegenden angesiedelt. (Vgl. ZECCHINI 119.)

Dediticii: Pl., ↑Deditio.

Defter: pers. > türk. 'Register, Liste für die Steuererhebung im Osmanischen Reich'. Dessen Fiskus verzeichnete in den Deftern sämtliche mobilen und immobilen Besitztümer des Landes, den Ertragswert des Bodens und die zu erwartenden Einkünfte. Danach setzten die Finanzbeamten Höhe und Art der Steuern und Abgaben der Bewohner fest.

denominales Adjektivsuffix: das; von einem Nomen (Hauptwort) durch ein Suffix (eine Endung) gebildetes Adjektiv (Eigenschaftswort), z. B. *Sonne + -ig > sonnig.*

Diminuierung: Bildung eines ↑Diminutivs (einer Verkleinerungsform), z. B. *Katze >* + *-chen = Kätzchen.* ↑Diminutivsuffix.

Diminutiv: auch: Deminutiv, das; Verkleinerungsform, z. B. *Hündchen, Fräulein.*

Diminutivsuffix: zur Verkleinerung (↑Diminuierung) dienendes Suffix (Wortendung), z. B. *-chen, -lein* in *Bäumchen, Bächlein.*

Diphthong: der; Doppellaut, Zwielaut aus zwei verschiedenen Vokalen, z. B. *ei, au, äu.* ↑Monophthong.

Eigenname: der; Nomen proprium (im Gegensatz zu ↑Gattungsname), Namen zur Identifizierung einzelner Objekte bzw. Personen, z. B. *Donau, Amerika, Einstein.*

Ellipse: die; 'Mangel'; Aussparung von Wörtern in Sätzen, Wortverbindungen oder Wortteilen in zusammengesetzten Wörtern (Komposita), z. B. **Coloniae Sopianae* > *Sopianae.*

Eschatokoll: das; Schlussprotokoll einer Urkunde mit der Subscriptio: Unterschrift des Ausstellers, oft als Signumzeile, d. h. Ankündigung eines Zeichens (Monogramms) des Herrschers. In diesem Monogramm vollzieht der Herrscher, weil zumeist des Schreibens unkundig, nur einen Strich. In der Neuzeit tritt an diese Stelle oft eine eigenhändige Unterschrift.

Ethnogenese: die; Entstehung und Entwicklung eines Volkes.

Etymologie: die; 1. Wissenschaft von der Herkunft und Grundbedeutung eines Wortes. 2. Deutung der Herkunft eines Wortes.

Flurname: der; Bez. für kleinräumigen Landschaftsteil (ohne Häuser), z. B. Gewanne, Flur, Wald, Wiese; Ggs.: ↑Siedlungsname.

Foederati: Pl.; dt. Föderaten, Pl: Volksstämme außerhalb der Grenzen des Römischen Reiches, die Beziehungen waren durch ein *foedus*, eine Vereinbarung geregelt, die eine gegenseitige Unterstützung vorsah. Die *foederati* durften das Reichsgebiet nicht betreten und waren verpflichtet, die Reichsgrenzen gegen Invasoren zu verteidigen oder zumindest dem römischen Heer beizustehen. Im Gegenzug gewährten die Römer wirtschaftliche Hilfe und stützten das Herrscherhaus. (Vgl. ZECCHINI 119.)

Frikativ: der; Reibelaut, auch: Spirant; die Laute *v, f, s, sch, ch, h* [v, f, s, ʃ, ç ~ x, h] u. a. ↑Plosiv.

Gattungsname: der; Nomen appellativum (im Gegensatz zu ↑Eigenname), Gattungsnamen sind Wörter zur Bezeichnung von Gegenständen und Sachverhalten, z. B. *Haus, Wolke, Freiheit.*

Geminata: die; Doppelkonsonant (z. B. *pp, tt, mm),* Terminus der früheren Sprachwissenschaft), einen langen Konsonanten ([p:, t:, m:]) bezeichnend. Im Schriftdeutschen gibt der Doppelkonsonant an, dass der davor stehende Vokal kurz ist.

Gemination: die; Lautwandel, der die Längung eines kurzen Konsonanten, eine ↑Geminata, ergibt. Den Sachverhalt sollte man Konsonantenlängung bezeichnen.

Genus: das; Geschlecht eines Wortes, im Dt. z. B. *(der)* Mensch, *(die)* Fahrt, *(das)* Wetter.

Graphophonemik: die; Wissenschaft, die sich mit der Bestimmung der Lautwerte der Schriftzeichen befasst.

Grundwort: das; Basiswort eines *Kompositums*, nach dem sich ↑Genus und ↑Numerus des ganzen Wortes richten; z. B. *Lage* in *Ausgangslage. Schirm* in *Sonnenschirm.*

hybride Form: die; zusammengesetztes oder abgeleitetes Wort, dessen Einzelglieder aus verschiedenen Sprachen stammen, z. B. *Volksdemokratie, Ultraschall.*

Idiom: das; Besonderheit, Eigenart einer Sprache oder Sprechweise.

Iterativ: das; (lat.), Zeitwort, welches die stete Wiederholung einer Handlung ausdrückt, z. B. *sticheln, streicheln.*

Kentum-Sprache: die; Im Indogermanischen gab es nach der herkömmlichen Klassifikation im Laufe seiner Entwicklung zwei Dialektgruppen, eine westliche, die so genannte Kentum-Gruppe (nach lat *centum* 'hundert'), aus der die Einzelsprachen Italisch, Germanisch, Keltisch u. a. hervorgegangen sind und eine östliche, die so genannte Satem-Gruppe (altiranisch *satəm* 'hundert', zu der Indisch, Iranisch, Baltisch, Slawisch, Albanisch u. a. gehören. Beide Varianten leiten sich von einem indogermanischen **k'm̥tóm* 'hundert' ab. In den Satem-Sprachen haben sich die

Verschlusslaute [k] und [k'] allmählich zu Spiranten (Zischlauten), [s, z, ʃ, ʒ], entwickelt. Diese Lautentwicklung, ein Palatalisierungsvorgang, wird auch Satemisierung genannt. Für die heutige indogermanische Dialektgeographie ist sie kein vorherrschendes Merkmal, sondern eines von vielen. Die Kentum/Satem-Klassifikation ist jedoch für die Namenkunde, besonders im vorliegenden Falle, von Belang.

Keszthely-Kultur: die; eigenartige materielle Kultur der seit der Römerzeit verbliebenen Bevölkerung und der von den Awaren hierher verschleppten byzantinischen Bevölkerungsteile im 6.–9. Jahrhundert in der Umgebung von Keszthely. Einige Merkmale der Keszthely-Kultur finden sich auch in der Umgebung von Pécs.

Kollektivsuffix: das; Ableitungssuffix zur Bildung von Wörtern zur Bezeichnung einer Vielfalt als Einheit, z. B. *Menschheit, Papsttum.*

Kompositum: das, Komposita Pl.; aus zwei oder mehr Wortteilen bestehendes selbstständiges Wort, z. B. *Buchbesprechung, Neuhochdeutsch;* ↑Bestimmungswort, ↑Grundwort.

labial: Adj.: die Lippen betreffend; Bildung eines Lautes mit Beteiligung der Lippen als Artikulationsstelle, z. B. *b, p, w, f,* u. a. Labiale Vokale sind z. B. dt. *ü, ö.,* bei deren Artikulation die Lippen gerundet werden. Die entsprechenden Vokale ohne Lippenrundung, so genannte illabiale Vokale, sind *i, e.*

Labialisierung: die; bezeichnet sowohl die Lippenbeteiligung bei der Artikulation bestimmter Laute wie auch den Lautwandel, wenn z. B. aus den ungerundeten (illabialen) Vokalen *i, e* durch Lippenrundung *ü, ö* entstehen.

Lautverschiebung: die; systematischer Lautwandel in einem Sprachsystem.

Monophthong: der; einfacher Vokal, der ohne die Veränderung der Lautqualität gebildet wird, z. B. *a, e, u.* ↑Diphthong.

Nasal: der; auch Nasalkonsonant; die Laute *m, n, ng* [m, n, ŋ], bei deren Bildung die Luft durch die Nase strömt. ↑nasal, ↑nasal-oral, ↑Nasalierung.

nasal: Adj.; Ableitung zu Nase; die nasale Artikulation betreffend; Bez. von Lauten, bei deren Artikulation die Luft nur durch die Nase strömt; die Laute weden Nasale genannt, z. B. *m, n, ng* [m, n, ŋ]. ↑oral, ↑nasal-oral, ↑Nasal, ↑Nasalierung.

nasaliert, nasalisiert: ↑oral-nasal.

Nasalierung: die; Lautartikulation, bei der die Luft auch durch die Nase strömt. ↑nasal, ↑oral-nasal, ↑Nasal.

Nomen: das; lat. Namen. Das Namensystem der römischen Bürger bestand aus drei Namen: ↑Praenomen, ↑Nomen Gentile, ↑Cognomen.

Nomen appellativum: ↑Gattungsname.

Nomen gentile: ist der zweite Teil des römischen Personennamensystems, mit unserem Nachnamen vergleichbar: Der Name der Sippe. ↑Nomen.

Nomen proprium: ↑Eigenname.

Numerus: der; Zahlform eines Wortes; ↑Singular, ↑Plural.

Officium Ecclesiasticum: konkretes liturgisches Geschehen als Gott geschuldeter kirchlicher Dienst des gläubigen Menschen.

Oikonym: das; zu griech. οἶκος 'Haus'; Bez. für ↑Siedlungsname.

oral: Adj.; mündlich, die orale Artikulation betreffend; Bez. von Lauten, bei deren Artikulation die Luft nur durch den Mund strömt. ↑nasal, ↑nasal-oral, ↑Nasal, ↑Nasalierung.

oral-nasal: Adj.; die oral-nasale (auch: nasalierte, nasalisierte) Artikulation betreffend; Bez. von Lauten, bes. von Vokalen, bei deren Artikulation die Luft durch den Mund und durch die Nase strömt; z. B. [ã, ẽ, ũ]. ↑oral, ↑nasal, ↑Nasal.

Plosiv: der; Verschlusslaut; die Laute *p, t, k, b, d, g* [p, t, k, b, d, g]. ↑Frikativ.

Plural: der, Abk. Pl.; Mehrzahl; z. B. *Menschen* (zu Sg. *Mensch*), *Bücher* (zu Sg. *Buch*). ↑Numerus, ↑Singular.

Prädienname: Name eines Praediums (lat.), d. h. eines Landgutes.

Praenomen: lat., Vorname, erster Teil des römischen Personennamensystems. ↑Nomen.

Präposition: die; Verhältniswort, z. B. dt. *in, durch, vor, mit;* lat. *ad, cum, ultra.*

Preceptio: die; lat., Praeceptio 'Anweisung, Belehrung'.

Prinzipat: der, das; im antiken Rom inoffizielle Bez. der von Augustus geschaffenen neuen Staatsform, die die Zusammenführung von republikanischen Traditionen mit der Vorherrschaft eines herausragenden Einzelnen (Princeps) versöhnen sollte.

Reibelaut: ↑Frikativ.

Reliktwort: das; aus einer untergegangenen Sprache erhaltenes, in einer anderen Sprache fortlebendes Wort, z. B. kelt. **rīgjo* > dt. *Reich.*

Romanische Sprachen: Sprachen, die aus dem gesprochenen Latein der Spätantike entstanden sind, u. a. das Italienische, Französische, Spanische, Portugiesische und Rumänische.

Sandschak: der; türk. Originalbedeutung 'Standarte, Feldzeichen'; im Osmanischen Reich Untergliederung der Provinzialverwaltung. Es gab auch Sandschaks, die der Zentralregierung unterstanden, so genannte unabhängige Sandschaks, einen z. B. für die Zigeuner, die Hilfsdienste im türkischen Heer leisteten, den *Cingene sancagi* (MARUSHIAKOVA 34f.).

Satem-Sprache: die; ↑Kentum-Sprache.

Semantik: Teildisziplin der Sprachwissenschaft, die sich mit dem Inhalt, der Bedeutung sprachlicher Ausdrücke befasst.

semantisch: die ↑Semantik betreffend.

Siedlungsname: der; Bez. für Siedlungsstelle, Landschaftsteil mit Häusern, z. B. Ortsname, auch ↑Oikonym genannt; Ggs.: ↑Flurname.

Singular: der, Abk. Sg.; Einzahl; ↑Numerus, ↑Plural.

Spirant: ↑Frikativ.

Stammvokal: Vokal der haupttonigen Silbe eines ↑Wortstammes.

Sulkalisation, sulkalisiert: zu lat. sulcus 'Furche', sulkalisiert 'furchenähnlich gebildet'; bei der Artikulation eines Zischlautes *(<s, sch>)* gebildete Längsrille in der Mitte des vorderen Zungenrückens, wodurch die durch die Rille ausströmende Luft ein zischendes Geräusch erzeugt. <*s*> hat eine enge, <*sch*> hat eine weite Rille. Gewöhnlich hat das <*s*> [s] und/oder [z] in Sprachen, die kein <*sch*> [ʃ] haben,

z. B. das Griechische, Holländische oder Spanische, eine etwas weitere Rille, weshalb das <*s*> [s] ein dem <*sch*> ähnliches Geräusch hat.

Terminus ante quem: der; lat. 'Zeitpunkt vor dem'.

Terminus post quem: der; lat. 'Zeitpunkt nach dem'.

Terminus (technicus): der; lat. 'Fachausdruck'.

Umlaut: der; Vokalwechsel in der Stammsilbe eines Wortes durch den Einfluss bestimmter Vokale in der folgenden Silbe; im Deutschen der Wandel von *a* > *ä*, *o* > *ö*, *u* > *ü*, wenn in der folgenden Silbe ein *i* steht oder in historischer Zeit gestanden hat. Beispiele: *Bad* > *Bäder, Hof* > *Höfe, Buch* > *Bücher*, *Sabiona* > *Säben*. ↑Ablaut.

Wanderwort: das; eine Art Lehnwort, das sich in verschiedenen Sprachen und Kulturen verbreitet hat und dessen Herkunft oft nicht eindeutig geklärt werden kann.

Wortstamm: der; Wortform, die als Vorlage, als Ausgangsform für die Weiterbildung eines Wortes dient, z. B. *Mann> männlich, untertan* > *untertänig*. Der Wortstamm kann, aber muss nicht die kleiste Einheit eines Wortes sein und ist daher nicht zu verwechseln mit der *Wortwurzel,* des nicht weiter zerlegbaren „Kerns" eines Wortes.

5.4. Register

(Das Register dient lediglich als Orientierungshilfe ohne Anspruch auf Vollständigkeit.)

5.4.1. Personenregister

5.4.2. Sachregister